Ludger Schulte

Gott suchen – Mensch werden

Ludger Schulte

Gott suchen – Mensch werden

Vom Mehrwert des Christseins

HERDER

FREIBURG · BASEL · WIEN

Denn es sind noch Lieder zu singen,
jenseits der Menschen.

Paul Celan

Inhalt

Einführung   9

1 Das schillernde Glück   13
2 Gotteshunger oder
  Die Suche nach dem wirklichen Leben   33
3 Die verschüttete Sehnsucht nach Gott   47
4 Spiritualität der Ehrfurcht   69
5 Die Kunst der Ruhe   81
6 Der Mut zur Stille   93
7 Der christliche Weg des Menschen   119
8 Franziskus als Wegweiser   143
9 Der Christ im Glück   159
Schlusswort oder Am Anfang des Weges   169

Anmerkungen   178

Einführung

Gott-Suche, die aufs Ganze geht und wie nebenbei das Ganze neu erhält, das ist das Risiko, das ist das Wagnis, das ist das menschliche Leben.

Es ist das Feuer der Gott-Suche, ja des Gottverlangens in einer diffusen Gegenwart, das die hier vorgelegten Gedanken vorantreibt. Eine einfache, noch ungeschützte und doch folgenreiche Überzeugung liegt dem Gesagten zu Grunde: Die entschiedene Gott-Suche ist der Schutz des Menschen vor seinen eigenen Konstrukten. Sie gibt ihn wieder an sich selber frei und mit ihm die ganze Schöpfung.

In einer Zeit pathologischer Selbstumkreisung und Selbsterschöpfung im Leben des Einzelnen und der Gesellschaft wird in Auseinandersetzung mit den aktuellen Suchbewegungen und Zeitströmungen eine Befreiung des Menschen offen gelegt, die aus dem Gottsein Gottes selber kommt, jenseits des Nutzenkalküls.

Das vorliegende Buch folgt der Spur der Sehnsucht. Ein verheißungsvoller und heikler Weg. Es ist der Traumpfad zum *Glück* (Kapitel 1), die Sehnsucht nach dem *wirklichen Leben* (Kapitel 2) in einer durchökonomisierten, technischen Welt oder im Letzten der Weg des *Gotteshungers* (Kapitel 3), der sich hier Raum schafft. Die hier gesammelten Gedanken entspringen der Suche nach einem geistlichen Weg, der auf Augenhöhe mit der Zeit ist, ja an der Zeit ist, der sich jedoch das Letzte und Erste nicht erspart: den lebendigen, deshalb auch immer verborgenen Gott. Der unbekannte Gott fordert uns heraus, indem er fragt: Sehnst du dich wirklich nach mir? Willst du *wirklich* wissen, wer ich bin? Was lässt du dir die Begegnung kosten? Er ruft uns über unsere Verhältnisse, Erwartungen, Vorurteile hinaus ins Offene des Dialogs.

Der Weg führt über die *Ehrfurcht* (Kapitel 4) vor allem was lebt, in einer oft sich bemächtigenden, manipulativen und gewalttätigen Welt; er führt über die *Ruhe* (Kapitel 5) und *Stille* (Kapitel 6) in einer hektisch überspannten Zeit in eine Lebensverwandlung.

Wir leben in einer Zeit, in der der Mensch seiner eigenen Größe und Berufung nur wenig zutraut oder sich maßlos überschätzt, weil er gleichsam in der blutigen Geschichte des 20. Jahrhunderts, im soziologischen beziehungsweise psychologischen Konstrukt oder in den Genen seines Körpers und den neuronalen Impulsen seines Gehirns verschwindet. Die Suche nach dem Menschen weist ihn als Wesen des Umweges aus. Nur in Gott findet er, was er ist und sein soll und mit ihm auch werden kann. Hier zeigt sich gerade, dass Jesus Christus das *unterscheidend Christliche der Gott-Suche* ist (Kapitel 7), die Brücke über zwei Abgründen der Gegenwart: dem nagenden Zweifel des

Menschen an sich selbst und dem verglühenden Gottes-horizont. Ein hilfreicher Weggefährte über diese Brücke kann gerade auch der Arme von Assisi, der Mensch im tiefsten Frieden, *Franziskus,* werden (Kapitel 8).

Wie der Gedankengang ansteigt mit der Frage nach dem Glück des Menschen, das sich sowohl in seiner ekstatischen Fülle als auch in seinem schmerzhaften Vermissen als Leerstelle erweist, so steht am Ende noch einmal die Frage nach dem Glück, nach dem *»Christ im Glück«* (Kapitel 9), der das Glück der Hoffnung erfährt. Alle Kapitel stehen unter einem Vorzeichen: *dem Hunger nach dem unverbrauchbaren, unverwechselbaren, durch seine Verborgenheit rufenden Gott.* Die Gott-Suche schwankt zwischen Illusion, Projektion und dem lebendigen Gegenüber Gottes. Wir Menschen können und müssen suchen, die Antwort ist in jedem Dialog das Hoheitsprivileg des Partners. Daran soll *das Schlusswort* in aller Konsequenz erinnern.

Konkrete, geistliche Weisungen und praktische Impulse nach jedem Kapitel wollen Hilfe sein für eine spirituelle Alltagsgestaltung.

In einem bleibt sich das hier Versuchte treu: Der Weg der Sehnsucht nach Glück, Leben in Fülle und Gott ist ein herausfordernder, ja abenteuerlicher Weg, denn manchmal machen wir uns mit unseren Wunschwelten einfach etwas vor, und wir fallen aus allen Wolken. Wer den Weg der Sehnsucht gehen will, für den scheint eines unausweichlich: Er muss *über sich hinaus* zum ganz Anderen hin. In den realen Dialog mit unserem Leben und mit Gott einzutreten, bedeutet, dem zu begegnen, der im Unterschied zu unseren immer schon vorgefassten Meinungen, Urteilen, Erwartungen und Gedankengängen sich *selbst* als Gott und Schöpfer des Lebens bestimmt und zu erkennen gibt. Das bedeutet eine kopernikanische Wende im Selbstverständnis des Menschen: Er lernt sich von jemandem anderen her verstehen.

Wer den Weg des Gotteshungers gehen will, muss die Sehnsucht nach dem ganz Anderen, dem unbekannten Gott in sich haben. Wer will schon ewig nur sich selbst begegnen? Der »Fern- und Nah-Gott« (Jeremia 23,23) bleibt die erste und letzte Leidenschaft dieses Buches.

Ludger Schulte OFMCap

1
Das schillernde Glück

Des einen Eulen sind des anderen Nachtigallen. Das gilt auch für das Glück, denn es gibt viele Arten: das selbstvergessene Glück des Spiels und des Festes, das Glück der Ekstase und die Freude der kleinen Ereignisse, das »Abenteuer gleich um die Ecke«[1]; das Glück im Beisammensein mit anderen und in der Erfahrung der eigenen Individualität, das Glück der ruhevollen Entspannung – im Spüren des Atems, der kommt und geht; das Glück im Gefühl der eigenen Stärke und der Fähigkeit, etwas zu tun, wahrzunehmen, schenken, denken, träumen, fragen zu können; das Glück von Sinnlichkeit und Sinnerfahrung; das Glück des Ernstes und des Humors.

All diese Glücksperlen gibt es, doch fragt der Mensch auch: Wie kann es wieder glücken? Wie kann das Lebens als Ganzes glücken? Ohne die Frage nach dem glückenden

Leben wäre der Mensch kein Mensch. »Alle Menschen streben nach Glück.« Diesen Satz kann man bis aufs Wort gleich bei Aristoteles, Augustinus, Thomas von Aquin, Blaise Pascal, bei Immanuel Kant oder bei Sigmund Freud lesen, und gerade in der gegenwärtigen Philosophie erfährt er eine große Renaissance.[2]

Der Mensch versucht die vielen Teile seines Lebens zum Ganzen eines gelingenden Lebens zusammenzufügen. Menschen »führen« ihr Leben, und sie müssen auch das noch lernen. So müssen sie auch bis zu einem gewissen Grad das Glück erlernen. Unmittelbare »Glückseligkeit« gibt es nicht als stabile Vorgabe. Hier ist die Lebenskunst gefragt. Aber wer lehrt sie schon? Und welche? Zum Glück, und das macht die ganze Angelegenheit nicht leichter, gehört nicht nur das eigene Glück. Zerbrechlich ist das Zusammenspiel zwischen eigenem gelingenden Leben und den Interessen der anderen. Auch hier gibt es keine vorgegebene Harmonie, sondern immer neues Bemühen und Versagen. Die Frage nach dem Glück ist eben nicht zuletzt eine Frage nach dem glückenden Zusammenleben der vielen! Zahlreich sind also die Spiegelungen des Glücks.

Das ausgesperrte Glück

So sehr wir auch nach dem Glück fragen, wollen wir eigentlich unser Glück? Oder sperren wir unsere Glückserfahrungen nicht vielmehr aus? Glück ist immer eine Herausforderung an uns. Verschließen wir uns vor dem Glück vielleicht aus Angst, vielleicht aus Sorge, im Bisherigen verwirrt zu werden? »Alles, was die Seele durcheinander rüttelt, ist Glück« (Arthur Schnitzler).

Ist es nicht wahr? »Der Unfähigkeit, über ungelebtes Leben zu trauern, entspricht die Unfähigkeit, Erfahrung von Heil, verleiblicht in Erfahrungen von Glück, wahrzunehmen.«[3] Die Angst vor Glückserfahrungen hat vielerlei Gestalt: Angst vor Verletzung, vor Unkontrollierbarem, vor der Wahrheit, vor der Endlichkeit, vor der Transzendenz. Eine junge Frau sagt entschieden: »Ich werde mich auf keine Beziehung mehr einlassen. Ich habe schon jetzt panische Angst vor dem, was geschehen könnte, wenn eine solche Beziehung wieder zerbricht. Das wäre für mich viel zu schmerzlich. Ich wünschte, ich könnte auf einen Knopf drücken – und das Glück wäre da und würde bleiben. Aber das gibt es nicht, und deshalb verzichte ich lieber.«

Die Vermeidung von Glückserfahrungen aus Angst vor Enttäuschung und Verletzung, aus Angst vor Erfahrungen, die wir nicht mehr voll in der Hand haben, und aus Furcht vor der Wahrheit ist weiter verbreitet als oft gedacht. Sie ist zugleich die Angst vor der Vergänglichkeit. Glück lässt sich nicht konservieren, es ist nicht wiederholbar, schon gar nicht machbar und immer endlich.

Sich dem Thema Glück stellen, bedeutet immer auch, sich seiner abschiedlichen, endlichen Existenz zu stellen. Ist das ohne umfassenden Sinnhorizont überhaupt möglich?[4] Entschwindet uns das nahe Glück, weil wir uns im Letzten nicht loslassen können und deshalb auch nicht empfänglich sind für den Moment? Wenn uns Letztes, wenn uns Gott nicht hält, können wir die Herausforderung und das Geschenk des Jetzt kaum zulassen. Das Leben kann nicht vorkommen, weil wir es schon immer im Griff halten müssen.

Ein anderer Grund für die Aussperrung des Glücks liegt darin, dass Menschen es sich verbieten: Eine Studentin:

»Wenn ich etwas Schönes erlebe, überkommt mich jedes Mal ein schlechtes Gewissen. Wenn ich einmal ein gutes Gewissen habe, überkommt mich das schlechte Gewissen wegen des guten Gewissens.« »Oft erweisen sich Schuldgefühle als Ersatzgefühle zum Beispiel für nicht wahrgenommene elementare Wünsche.«[5] Das Verbot, etwas Beglückendes zu erleben, ist eine häufige Form von Selbstbestrafung. Glück, das verbieten sich viele Menschen.

Das Glück, so sehr wir es ersehnen, ist gar nicht so sehr erwünscht, wie wir glauben. Im Leben muss ich nicht nur mit meiner Not irgendwohin, um nicht zu verzagen, ich muss auch mit meinem Glück irgendwohin, um mich von ihm von mir wegreißen zu lassen, denn es hat gerade in allem Beglückenden etwas unwägbar Provozierendes an sich. Es bricht mich auf. Es ruft nach mehr. Wer will diesen Weg gehen? Wie? Und wohin?

Glücksversprechungen

Der Buchmarkt bietet zahlreiche Rezepturen feil. »Die Glücksformel oder Wie die guten Gefühle entstehen« von Stefan Klein (Hamburg [7]2002), aber auch »Der Weg zum Glück« des Dalai Lama (Freiburg [7]2002) standen wochenlang an der Spitze der beliebtesten Sachbücher. Kurse und Trainingsprogramme zum glücklichen Leben florieren. Es gibt gegenwärtig eine Pflicht zum Glück in unserer Gesellschaft. »Was für ein Glück ist denn erstrebenswert?«, fragt sich aber der kritische Beobachter.

Je mehr das Glück als ultimative Forderung dargestellt wird, von jedem freudiges Vergnügtsein und absolute Leistungsbereitschaft zum Glück erwartet wird, desto mehr erzeugt es Enttäuschung, Scham und Depression. Als wären wir die Meister unseres Schicksals und unserer Verzückung, fähig, sie nach Lust und Laune zu schaffen. Nach dem Instant-Tütensuppen-Glück wird gefahndet, die Gebrauchsanweisung gleich mit dabei. Welches auch immer die gewählte Methode der Glücksjagd sei, ob biochemischer, somatischer, psychischer oder spiritueller Art, vorausgesetzt wird die Vorstellung, dass glückselige Zufriedenheit für jeden erschwinglich ist, wenn man nur die Mittel dazu kennt. Die Machbarkeit ist es, die im Focus der Aufmerksamkeit steht.[6]

Aristoteles gab der Menschheit eine Bemerkung mit, die immer noch ein erfrischender Zwischenruf zur Angebotsfülle auf dem Glücksmarkt ist:»In der Bezeichnung (für das höchste Strebensgut) besteht nahezu Übereinstimmung. Das Glück geben sowohl die gewöhnlichen Leute an als auch die Gebildeten, wobei gutes Leben und gutes Handeln mit dem Glücklichsein gleichgesetzt werden. Aber was das Wesen des Glücks ist, darüber ist man sich unsicher, und die Antwort der Menge lautet anders als die der Philosophen. Die Menge stellt sich etwas Offenkundiges und Augenfälliges darunter vor, zum Beispiel Lust, Reichtum und Ehre, und zwar jeder etwas anderes. Bisweilen wechselt sogar ein und derselbe seine Meinung: Wird er krank, so sieht er das Glück in der Gesundheit, ist er arm, dann im Reichtum. Im Bewusstsein der eigenen Unwissenheit bestaunen die Leute jene, die etwas vortragen, was bedeutsam klingt und über ihre Fassungskraft hinausgeht.«[7]

Die Frage nach dem Glück ist abgründig. Es gibt die nicht ganz unbegründete Ansicht: Wer sein Unglück sucht, sollte sich einfach intensiv mit dem Glück beschäftigen. Er sollte sich nicht mit weniger zufrieden geben als mit einer bedingungslosen Klärung der Frage: Was ist das Glück an sich? Wer sich mit einer solchen Frage rüstet, streut sich mit vollen Händen das Salz dieser Welt in seine Wunden.[8] Schon bald, zu keiner Lösung kommend, wird er sich unglücklich empfinden. Sollte es anders gehen? Im ganz und gar christlichen Sinne lautet die These schlicht: Zum Glück haben wir den Glauben. Das Glück ist ohne Glaube auf Dauer nicht erträglich, weder in seiner mitreißenden Dynamik noch mit den nachhinkenden Enttäuschungen. Der produzierte partikuläre Sinn ist doch ein Spiel im und am Unsinnigen, wenn der Horizont des Glaubens nicht das Ewige erschließt. Was dies im Einzelnen bedeutet, soll im Folgenden freigelegt werden.

Nehmen wir das Glück zunächst einmal wörtlich, also vom Sprachgebrauch her, um ihm auf die Spur zu kommen.

Das Glück beim Wort genommen

Das deutsche Wort »Glück« wird offensichtlich in zwei unterschiedlichen Grundbedeutungen verwendet, die in anderen Sprachen begrifflich auseinander gehalten werden. Lateinisch etwa als *fortuna* und *beatitudo*; im Griechischen als *eutychia* und *eudaimonia*, im Französischen als *la bonne chance* und *le bonheur*, im Englischen als *luck* und *happiness*. Gemeint ist zum einen der Glückszufall, der Glückstreffer, die Glücksgabe, die wir nicht erzwingen können, also das Glück, das man hat. Zum anderen das Glücklichsein, das Erfüllungsglück, eine Einheit aus Wohlergehen und

Wohlbefinden, also das Glück aus einem wohlgeratenen Leben. Der Lottogewinn ist ein Glücksfall. Er bedeutet jedoch noch nicht, dass man glücklich ist. »Derjenige pflegt tatsächlich glücklich zu sein, der sein Glück nicht dem Glücke verdankt« (Artur Gorski). Glück ist nach dieser paradoxen Sentenz nicht ein von außen unverfügbar Zufallendes, sondern eine seelische Zuständlichkeit oder eine seelische Haltung und geistig-sittliche Einstellung zur Wirklichkeit. Aber ist das allein wahr? Bin ich meines Glückes Schmied, wenn ich nur auf rechte Weise in den Wald rufe?

Das deutsche Wort »Glück« lässt diese Einseitigkeit nicht zu, und vielleicht ist es darin besonders wahr, weil es beides zusammenhält: das *Zufallsglück* beziehungsweise das *Empfindungsglück* und das *Erfüllungsglück*. Das Glück kann erstens das des Augenblicks sein, das Hochgefühl und Höhepunkterlebnis, und es kann zweitens zugleich einer seelischen Haltung entspringen, einer Seligkeitslehre, der inneren Ruhe und Zufriedenheit, der man sich durch eine Lebenskunst annähern kann. »Das Glück tut's nicht allein, sondern der Sinn, der das Glück herbeiruft, um es zu regeln« (Goethe). Das Ziel, das Glück, aber muss sich, trotz aller Annäherung immer erst noch einstellen. Der Geschenkcharakter ist dem Glück zutiefst zu Eigen, und eben das ist das Beglückende. Das Glück ist eine chimärische Angelegenheit; weil es immer ein schlechterdings unverfügbares Moment enthält, kann es so etwas wie eine »Anleitung zum Glücklichsein« nicht geben, aber der Mensch kann es herbeirufen oder abwehren durch seine Haltung. Das Entscheidende liegt jedoch nicht in seiner Hand.

Hauptsache glücklich?

Nach was für einem Glück suchen wir? Nach dem totalen und endgültigen Glück, nach dem nicht mehr überbietbaren Gipfel, der über alles Dagewesene hinausragt? Oder fragen wir nach dem Glück, dem ich mich durch eine bestimmte Kunst des Lebens annähern kann? Dann erhebt sich sofort die nächste Frage: Mit welcher Lebenskunst nähere ich mich welcher Glücksvorstellung? Die einen meinen, es in der *Kontemplation* (das heißt in der Empfänglichkeit, der Stille) zu finden, andere in der entschlossenen *Tat,* wieder andere in der *Lustbefriedigung* oder Libertinage (Ausschweifung), in der *einzigen Liebe,* der *Hingabe für andere* und so weiter.

Jeder hat seine eigene Vorstellung vom Weg zum Glück. Es kann in allen Bereichen des Lebens gefunden werden – beim Liegen unter einem blühenden Kirschbaum, beim Wäsche-Bügeln wie beim Reinigen der Wunde eines Obdachlosen – und es kann mit einem weiten Spektrum von Gefühlen verbunden sein, da es sich in keinem Einzelnen wirklich fassen lässt. Aber ist Glück nur eine Frage der Empfindung, oder ist nicht auch die Frage nach dem wahren Glück zu stellen, also nach dem angemessenen Gut, das mich mit Freude erfüllt? Ist die Glückseligkeit des Nasenbohrers im gleichen Maße Glück wie die Freude über das neugeborene Kind? Müssen wir nicht immer auch die Frage nach der »Glückswürdigkeit« stellen? Dazu eine Stichprobe anhand zweier gegenwärtig gängiger Glücksmodelle.

Das Glück, zu haben, was man will
»Glücklich ist, wer alles hat, was er will!«[9] Diese knappe

Glücksformel bezeichnet wohl am ehesten, was die meisten Menschen heute unter Glück verstehen. Sie hat aber wahrlich ihre Kehrseite. Traumberuf, Haus und Kinder, Traummann, materielle Existenzsicherung: Solche »Glücksgüter« mögen hilfreich sein auf dem Weg zum Glück, aber so machen zum Beispiel Geld und Besitz ab einer bestimmten Größenordnung nicht mehr nur glücklich. Im Gegenteil, sie bereiten Sorgen, wie der Besitz erhalten, geschützt und vermehrt werden kann. »Nicht in Besitz und Verfügung [auch von geistigen Gütern, d. Vf.] liegt das Glück, sondern in dem, wozu solches uns verhilft. Es ist eine alte Einsicht, dass das, was für den Menschen das Wesentliche ist, überhaupt nicht so sehr in den äußeren Dingen liegt, die wir anzuhäufen vermögen. Für die Frage nach dem Glück bedeutet dies ganz konkret: Was immer wir uns erarbeiten und beschaffen, um damit und daraus zu leben, entscheidend bleibt, worin das so ermöglichte Leben selbst besteht.«[10]

Im Hinblick auf ein glückendes Leben geht es also letztlich nicht so sehr darum, wie wenig oder wie viel wir zum Leben haben, sondern um die richtige Ausrichtung und Einstellung unseres Lebens, das heißt, was wir unter einem glücklichen Leben verstehen.

Das Glück, mehr Lust als Unlust zu fühlen

Eine zweite, schon in der Antike gut bekannte, heute mehr und mehr gängige Glücksformel heißt: Glück ist das Überwiegen von Lustgefühlen in einer Lebensspanne. Der Mensch, so heißt es in der dazugehörigen philosophischen Strömung des Utilitarismus, strebt nach solchen Lustgefühlen und vermeidet Unlust. Darum dreht sich alles Begehren, das ist der zentrale Antrieb. Solches Denken tendiert dazu, Situationen, Gegenstände und Handlungen zu nivellieren unter dem einzigen Gesichtspunkt, ob sie Lust oder Unlust bringen.

Die Lust macht alles gleich: die Mozart-Arie, die Big-Brother-Show, die Talkrunde mit Frau Christiansen und das »Historische Wörterbuch der Philosophie«. Wenn es dir Spaß macht? Das Glück ist nicht Objekt und nicht wertbezogen, sondern allein auf das subjektive Empfinden ausgerichtet.

Schon Platon musste sich mit solchen Ansichten herumschlagen. Er wählte drastischere Beispiele, um dieses Denkmuster zu unterlaufen. Da hat jemand einen quälenden Hautausschlag, die Krätze. Um sich Linderung zu verschaffen, kratzt er sich. Im Vergleich zum Leiden zuvor stellt sich dadurch gewiss Erleichterung oder sogar Lust ein. Ist diese »Lust«, so lässt Platon Sokrates fragen, nun gleichrangig mit der Lust, beispielsweise ein schönes, gehaltvolles Gespräch zu führen?

Machen wir ein Gedankenexperiment.[11] Ein Mensch wird festgeschnallt und in einen Dämmerzustand versetzt. Der Weltkontakt wird also abgebrochen. Dann injiziert man ein Mittel, das ihn in einen irgendwie euphorischen, lustvollen Zustand versetzt. Ist dieser Mensch glücklich zu nennen? Würde er es im Rückblick von sich selbst sagen, wenn er aufgewacht ist? Doch wohl kaum. Obwohl dieses Verfahren gewissermaßen den kürzesten Weg zur Herstellung von Lustgefühlen darstellt, weigern wir uns, die injizierte Euphorie des Gefesselten einen lustvollen und glücklichen Zustand zu nennen.

Wohl gerade deshalb, weil er der direkte Weg ist! Kein Umweg durch die Welt, keine Begegnung, kein Tun, kein Rückbezug auf das eigene Dasein. Aus diesem Gedankenexperiment – das nicht ganz unrealistisch ist, denken wir an die Drogenkultur oder den Alkoholrausch – kann geschlossen werden: Das Glück ist nicht etwas, das wir auf direktem Weg erreichen, machen oder herstellen können. Wir lieben einen Menschen nicht, um glücklich zu sein, sondern wir lieben ihn und sind dann und deshalb glücklich. Oder: Eine bestimmte Arbeit, ein bestimmtes Werk verrichten wir nicht, um glücklich zu sein; sondern wir verrichten dieses Werk, diese Arbeit, und wenn es uns gelingt, werden wir dabei glücklich sein.

Kein direkter Weg zum Glück

Wir müssen also unterscheiden zwischen dem Glück desjenigen, der beim Nasebohren fündig wird, und dem Glück, das sich auf dem Handrücken der Handlung, also nachfolgend einstellt, nachdem ich zum Beispiel nach langem Zögern für einen anderen Menschen eingestanden bin. Dies kann vordergründig sehr viel an Frust, ja an Leid hervorrufen, nachklingend aber einen inneren Frieden glückenden Lebens. Manches vordergründige Glück muss überwunden werden, damit reifes Glück wachsen kann. Der leiderprobte Mensch ist nicht ein unglücklicher Mensch. Nein, an dieser Stelle ist Nietzsche Recht zu geben: Der Leiderprobte ist des echten Glückes fähiger.[12] Nicht jedes Glück besitzt gleiche Glückswürdigkeit, und es gibt sich nicht auf direktem Wege. Es lässt sich nicht erzwingen und erkaufen. Das ist seine Paradoxie: »Das Glück entzieht sich uns genau und gerade in dem Maße, in dem wir es intendieren« (Victor E. Frankl). So sei jedem sein Wellness-Glück gegönnt oder ein gut gelagerter Whiskey, wenn es klar ist, wo es in der eigenen Lebensführung seinen berechtigten Ort findet: »Hauptsache glücklich« gilt nicht!

Glück im Unglück?!

Muss, wer dem Glück auf die Spur kommen will, nicht auch nach dem Unglück fragen? »Denn für Menschen gibt es das nicht: das schattenlose Glück. Dass alles Zuträgliche vorhanden ist und alles Abträgliche fehlt: das ist nicht menschenmöglich. ... Menschliches Glück ist – ganz elementar – stets nur Glück im Unglück.«[13] Man hat auf diese Tatsache verschiedene ausweichende Antworten zu geben versucht, um das Glück doch noch im Unglück siegen zu lassen. Vor allem seitdem der letzte Horizont eines tragenden Glaubens gesellschaftlich in der Neuzeit verglüht ist, ist Gott für viele kein lebendiger Ort letzter Glückseligkeit mehr. Es bleibt nur der eigene Horizont. Es bleibt nur diese Welt und ich in ihr.

Das heißt, hinter der Glücksversessenheit unserer Zeit läuft ein dunkler Abgrund. Es ist das Ahnen, dass es hinter dem Unglück, das wir erfahren, kein Glück gibt, das ein Ausgleich sein könnte. Das Unglück hat im »Glück im Unglück« stets das letzte Wort. So dass Sigmund Freud sagen konnte: »Dass der Mensch ›glücklich‹ sei, ist im Plan der ›Schöpfung‹ nicht vorgesehen«; »das Leben, wie es uns auferlegt ist, ist zu schwer für uns«, und er zitiert dann Fontane: »Es geht nicht ohne Hilfskonstruktionen.«[14] Ob es aber wirklich mit bloßen Hilfskonstruktionen geht, ist fraglich. Der Mensch ist – nicht nur bei Freud, sondern in der Moderne insgesamt – ein Prothesengott, der sich mit Hilfe von eigenen Konstrukten einen Ausweg aus dem Dilemma des Daseins verschaffen will.

Die Neuzeit hat auf die Frage nach dem Glück drei Prothesen angeboten, die in zahlreichen Glücksratgebern wiederholt werden:[15]

1. Das Kompensieren des Unglücks.
2. Das Ignorieren des Unglücks.
3. Die Resignation, das heißt die Schleifung der Radikalität der Glücksfrage beziehungsweise die Zufriedenheit mit dem kleinen Glück.

1. Das Kompensieren des Unglücks

Natürlich gibt es das Unglück, aber es gibt eben das »Glück im Unglück«, das heißt entweder als schwache Version: Es gibt das Glück *trotz des Unglücks*. Oder die starke Version: Es gibt das Glück *durch das Unglück*. Die Fortschrittsidee ist in der Moderne die institutionelle Bewältigung des Unglücks und der Unzufriedenheit nach dem Motto: »Übel gibt es in der Welt, nicht um Verzweiflung hervorzubringen, sondern Tätigkeit.«[16] So lässt sich zum Beispiel sagen: Es gibt in der Geschichte gegensätzliche Kräfte, aber – Glück im Unglück – sie beflügeln den Fortschritt.

Der Mensch ist ein Stiefkind der Natur, zum Unglück, so sagt Johann Gottlieb Herder, aber – Glück im Unglück – nur deswegen hat er die Sprache (die Musik, die Ästhetik ...).

Oder G. W. F. Hegel: Es gibt – zum Unglück – das Unvernünftige, aber – Glück im Unglück – gerade dadurch wird Vernünftiges bewirkt: Das ist die »List der Vernunft«

Es gibt Pathologisches und seine Passionen im Menschen, so F. W. J. Schelling, Arthur Schopenhauer, Gottfried Benn und andere, aber – Glück im Unglück – gerade darin steckt die Chance zur Genialität und den sublimen Freuden der Kunst. Die gleiche Hilfskonstruktion der Kompensation ließe sich sowohl für die Psychologie – Kultur entsteht durch Kompensation der Libido (Sigmund Freud) – und die Anthropologie – Kultur entsteht durch Kompensation der Instinktmängel (Helmuth Plessner, Arnold Gehlen) – deutlich machen.

In der Literatur heißt der Gedanke dann bei Friedrich Hölderlin so:»Wo aber Gefahr ist, wächst das Rettende«; bei Wilhelm Busch:»Wer Sorgen hat, hat auch Likör«. Ob sich mit diesem Deutungsmuster, trotz dem anzuerkennendem Wahrheitsmoment, wirklich jedes Unglück auflösen lässt, scheint mehr als offen, ja eine Selbsttäuschung der Neuzeit. Die Frage nach dem glückenden Leben als Ganzem bleibt abgeblendet und ausgespart.

2. Das Ignorieren des Unglücks

Für eine zweite Form des Umgangs mit dem Unglück, ohne den religiösen Ausblick zu benötigen, gilt die Devise: »Sei ein Kanarienvogel, ignoriere den Käfig« (H. L. Davi).[17] Um mit der Enttäuschung an der eigenen Glücksmacherei fertig werden zu können, ignoriert man die Gitterstäbe, hinter denen man immer noch steckt[18], oder sucht einen Sündenbock: die anderen, die Gesellschaft, die Umstände. Der größte Teil des heutigen Umgangs mit unseren Beziehungsbrüchen, physischen und psychologischen Einstürzen und schließlich mit dem Tod ist Ignoranz, das heißt ein Ausblenden oder Narkotisieren der Wirklichkeiten. Aber:»Gebrochensein ist konstitutiv für alles Menschliche, und dies nicht willensabhängig, sondern unvermeidlich. Wir sterben nicht, weil wir zufällig etwas Widrigem zum Opfer fallen, sondern weil wir sterblich sind.«[19] Die Formel »Glück im Unglück« löst sich so nur in Richtung Unglück auf – ohne letzten Horizont.

Kapitel 1

3. Die Zufriedenheit mit dem kleinen Glück

Die dritte Hilfskonstruktion auf die Frage, wie es sich mit Glück und Unglück verhält, ist die Resignation vor der Glücksfrage. Vornehm gesprochen ist es die Bescheidung auf das kleine Glück der Zufriedenheit mit sich selbst und seiner Welt. Sie ist wahrscheinlich nur im Verbund mit den beiden anderen Hilfskonstruktionen, der Kompensation und der Ignoranz, möglich.

Um dies richtig zu verstehen, muss einem Folgendes vor Augen stehen: Angesichts des Glücks im Unglück gibt es höchstwahrscheinlich nur zwei Möglichkeiten: Die »Selbstbewahrung«, das heißt die Autarkie gegenüber dem, was mich in der Glückserfahrung über mich hinausreißt und damit ins mögliche Unglück stürzt, wenn ich es wieder verliere. Oder aber die »Erfüllung«, das heißt die Selbsthingabe an die Wirklichkeit, die mir im Glück begegnet und mich ihr folgen heißt.[20]

Zwei Ängste sind es, die uns immer wieder vor dem Glück zurückschrecken lassen: die Angst vorm Verlieren und die Angst vorm Versäumen. Im Bild gesprochen: Angesichts des Glücks im Unglück kann ich mich bestimmen als Zuschauer oder als Seefahrer. Dabei muss mir allerdings klar sein: Zuschauer kann ich im Leben auf Dauer nicht bleiben, da wir uns immer schon auf hoher See befinden.

Das christliche Glücks- und Lebensverständnis hat sich immer für das Seefahrertum, für die »Glückseligkeit« entschieden, für eine Erfüllung, die über uns hinausgeht und nur durch das Sich-ganz-Weggeben, durch das Sterben zum Leben führt (vgl. Matthäus 10,39). Das gemütlichere Bürgertum, die Stoa und andere haben sich als Ersatz für die Glückseligkeit die Zufriedenheit zum Ziel gesetzt, das gestutzte Glück des Zuschauertums.

»Bleibe zufrieden und nähre dich redlich«, ein solches Motto kann eine Menge an Entkrampfung im Umgang mit übertriebenen Wünschen beitragen. Wer wüsste dies nicht aus eigener Lebensweisheit. Psychologen haben diese Fähigkeit zum Glück mit »Lebenszufriedenheitskompetenz« bezeichnet. Ob einer einfach kein Glück hat, wie er sein Unglück erträgt – das verrät viel von der Struktur des Menschen, von der Struktur dessen, was wir seinen Charakter nennen.[21] Dieses Lebenszufriedenheits-Konzept muss aber ergänzt und erweitert werden. Der große Pionier der psychologischen Glücksforschung, Mihaly Csikszentmihalyi[22] hat herausgearbeitet, dass das Glück keine Selbstzentrierung verträgt. Er beschreibt das Glückserleben als *flow experience*, als Stromerfahrung. Sie zeichnet sich dadurch als glücklich aus, dass sich im Laufe einer Tätigkeit oder auch eines Sinneseindrucks die Grenze zwischen Ich und Gegenstand verflüssigt und ein kräftelösendes Selbstvergessen, ein Sich-Abgeben an die Sache stattfindet.[23]

Das Motto »Bleibe zufrieden und nähre dich redlich« kann immunisieren gegenüber dem Impuls des Lebens. Es kann fixieren, isolieren und sterilisieren. Das Streben nach Glück dagegen reißt das Leben aus sich heraus, verstrickt es in Situationen, über die es nicht Herr ist. Die Zufriedenheit scheint den Vorteil zu haben, dass der Einzelne in ihr jederzeit bei sich selbst bleibt. Die Lebenskunst des Zufriedenen besteht darin, an seiner Zufriedenheit festzuhalten; so bleibt für ihn jedes Argument, er lasse sich das Beste entgehen, äußerlich. Treffend schreibt Robert Spaemann: »Vor allem muss der Zufriedene sich sichern gegen den Einbruch der Wirklichkeit des Anderen, gegen die Erschütterung durch Liebe und Mitleid, aber auch gegen die Erschütterung der Kunst. Zufriedenheit als Ersatz von Glück lebt davon, dass das Andere ihr nicht wirklich geworden ist. Wo dies nämlich geschieht, kann man nicht zur Zufriedenheit zurück, man kann es nicht einmal wollen. Glück als Erfüllung reißt das Subjekt auf einen unendlichen Weg, der unter Bedingungen der Endlichkeit vom Schmerz des Ungenügens untrennbar ist.«[24] Zufriedenheit und Seligkeit, das heißt letzte Erfüllung lassen sich unter endlichen Bedingungen nicht zusammenbringen.

Zwischenbilanz

Glück ist nicht gleich Glück. Das Glück des Bades ist ein anderes als das Glück der Versöhnung. Die Glücksgüter verlangen nach einer Zuordnung, um zu einem glückenden Leben zu führen. Manches Glück muss verblassen, damit Tieferes wird. Geglücktes Leben entscheidet sich nicht so sehr an dem, was wir haben, sondern an dem, worauf wir unser Leben ausrichten. Glück ist nicht direkt zu haben, sondern eine Zugabe zu dem, was wir um seiner selbst willen lieben und tun. Es entzieht sich sogar genau in dem Maße, wie wir es intendieren. »Man kann nicht das Glück selbst erwirken, nur verhindern, was dem Glück abträglich ist!«[25] Keine Lebenskunst kann Glück produzieren, wir können ihm aber eine Chance geben, wenn wir es lassen können. Geht dies aber ohne einen letzten Ort des Vertrauens?

Glück gibt es nur im Unglück. Da es das Glück nicht ohne den Schatten des Unglücks gibt, versuchen wir diesen Schatten abzudrängen. Wir kompensieren, ignorieren und ziehen uns auf die Selbstzufriedenheit des kleinen Glücks zurück, weil die Seefahrt des großen Glücks zu gefährlich scheint. Glück ist ein riskantes Thema und ohne letzten Horizont, ohne Glaube ein tragisches Thema.

Nicht umsonst hat die Antike, noch ganz ohne die christliche Hoffnung, die Situation des Menschen in eine alte Sage gekleidet, die Nietzsche in unsere Zeit erneut hineingesprochen hat. In ihr wird berichtet, wie der König Midas nach langwieriger Jagd den weisen Silen gefangen nimmt, um von ihm zu hören, was für den Menschen das Beste und Vorzüglichste sei. Er erhielt die höhnische Antwort: »Elendes Eintagsgeschlecht, des Zufalls Kinder und der Mühsal, was zwingst du mich, dir zu sagen, was nicht zu hören für dich das Ersprießlichste ist? Das Allerbeste ist für dich gänzlich unerreichbar: nicht geboren zu sein. Das Zweitbeste aber ist für dich – bald zu sterben.« Kurt Tucholsky hat mit der ihm eigenen Ironie ergänzt: »Das größte Glück ist es für den Menschen, nicht geboren zu sein, aber wem passiert das schon?«[26]

Das Glück ist für den, der tiefer hinschaut, kein glückliches Thema. Es ist zerbrechlich, und es drängt uns über uns hinaus. Es konfrontiert uns mit unserer Endlichkeit, deshalb haben wir nicht selten Angst vor dem Glück, da wir nicht wissen, ob wir es wieder verlieren und wozu es führt. »Das Begehren nach dem letzten Ziel, der Glückseligkeit, ist nicht unter den Dingen, deren wir Herr sind« (Thomas von Aquin).

Wir stehen vor einer Entscheidung: Entweder ist das menschliche Glücksverlangen, das vollendete Glück nur eine Illusion, und der glücksuchende Mensch ist eine »Verunglückung«, das heißt ein grundsätzlich »unglückliches Wesen«, oder das Glücksziel ist nur als geschenktes Glück, das in seiner Vollgestalt die Bedingungen von Welt und Geschichte sprengt, als Heil von Gott her zu erlangen.

Kapitel 1

Hier geht es um eine Grundoption des Menschen, die nicht mehr argumentativ entscheidbar ist. Es ist kein beliebiger »Sprung«, keine grundlose Wette, das eigene Leben so oder so zu sehen, sondern die Option für den Glauben an einen letzten tragenden Grund, an den Gott Jesu Christi. Diese Entscheidung hat sich daran zu bewähren, wie das Setzen auf das »Heil von Gott her« jetzt schon im Raum der Geschichte Glück ermöglicht. Der Glaube an einen glückseligen Himmel für die ganze Menschheit und die ganze Schöpfung meint nicht nur, den Sinn für eine »andere« Welt zu haben, sondern einen anderen Sinn für diese Welt hier zu bekommen (Joseph Ratzinger).[27] Christen sagen: Zum Glück haben wir den Glauben. Glaube setzt Glück frei! Das heißt aber, die Glückssuche ist, weit über alle Glücksgüter und Machbarkeitsvorstellungen, in Gott selbst anzusiedeln, weil uns das Leben, bei allem Glück im Unglück, selbst zu ihm hintreibt.

Konkrete Hinweise für Glückssucher

- Die Glückssuche ist ambivalent. Wir suchen es und haben doch Angst vor ihm: Angst vor dem Unkontrollierbaren, Angst vor Verletzungen, weil es uns empfindsam öffnet, Angst vor der Endlichkeit, die wir mit dem Glück erfahren.

- Sich dem Glück zu stellen, bedeutet immer auch, sich seiner abschiedlichen, endlichen Existenz zu stellen.

- Die Unfähigkeit über ungelebtes Leben zu trauern, entspricht der Unfähigkeit, Erfahrung von Glück wahrzunehmen.

- Wenn uns Letztes, wenn uns Gott nicht hält, können wir die Herausforderung und das Geschenk des Jetzt kaum lassen. Das Leben kann nicht vorkommen, weil wir es schon immer im Griff haben müssen.

- Im Hinblick auf ein glückendes Leben geht es nicht so sehr darum wie wenig oder wie viel wir zum Leben haben, sondern um die richtige Ausrichtung und Einstellung unseres Lebens, das heißt was wir unter einem glücklichen Leben verstehen.

- Die Suche nach geglücktem, »wirklichem Leben« und der Gotteshunger fallen eng zusammen, wenn wir dem Leben redlich auf den Grund gehen und den geistlichen Hunger nicht überspielen.

2
Gotteshunger oder
Die Suche nach dem wirklichen Leben

Nach einem Vortrag konnte ich einmal, ganz ehrlich gemeint, von einem Zuhörer hören: »Ich fühle mich eigentlich ganz wohl. Ich habe keine Fragen. Zugleich bin ich unbefriedigt, weil ich keine Fragen habe. Sie haben über geistlichen Hunger gesprochen, das hat mich erschreckt. Ich wäre gern hungrig, bin es aber nicht.«

Mit dem geistlichen Hunger ist es so, dass er zwar wie der leibliche immer wieder kommt, dass er aber ganz leicht abgelenkt und umfunktioniert werden kann. Dann vergisst man ihn, schlägt sich den Bauch mit anderen Sachen voll und erklärt: »Ich bin nicht religiös – mir fehlt nichts!«

Warum haben so wenige Gotteshunger? Manchmal denke ich, weil sie das Leben nicht wirklich an sich heranlassen mit seiner ganzen Wucht, mit allen Freuden und Absurditäten, Aufbrüchen und Enttäuschungen, mit seinem Augenzwinkern und seinen endlosen Fragen. Viele schlucken einfach. Sie wollen das Leben lieber klimatisiert, gleich bleibend. Sie wollen das Leben bereinigt, das Kaputte ausgemerzt, das Defekte frühzeitig erkannt und beseitigt. Sie fürchten den Behinderten im Urlaub, der die Stimmung im Hotel vermiest. Sie wollen ein klimatisiertes Leben, keine Störungen, immer gut drauf. Sie halten sich das Leben auf Distanz, um vielleicht nicht irre daran zu werden. Wer will schon verbrennen, wer erfrieren an der Temperatur des Lebens. Wer bejaht die Fieberkurve zur Gesundung?

Dorothee Sölle hat einmal geschrieben:»Wir haben Angst davor getröstet zu werden, da ist unsere religiöse Armut, da ist uns die langsame Verwesung schon lieber. Getröstet kann nur einer werden, der die eigene Trostlosigkeit erkennt und der aufgehört hat, sich das eigene Unglück oder die eigene Leere zu verschleiern.«[28] Das ist hart. Aber es ist wahr und deshalb macht es frei. Sehr frei.

Die Gott-Suche beginnt, unter anderem, mit dieser Wahrheit. Sie beginnt, weil einem das Leben auf die Pelle gerückt ist und wir aufhören auszuweichen. In der Regel kaschieren wir, weichen aus, lutschen Tabletten, nuckeln an Longdrinks herum, stellen die Musik lauter, zappeln uns auf Großveranstaltungen ab, fahren schneller mit Autos, vergrößern unsere Schrebergärten, verlängern den Urlaub oder die Arbeitszeit, schaffen uns einen neuen Lebensgefährten an, verfeinern unseren Körper in Studios, begehen eine endlose Reihe von Grill- und Afterwork-Partys. Nichts dagegen, wenn der große Hunger durch all die Häppchen nicht erstickt wird.

Wenn wir dieses Leben wirklich zulassen, mit Höhen

und Tiefen, wenn wir Schmerz, Angst, Hilflosigkeit, ja auch Wut und Klage wieder an uns heranlassen, aber auch das Überraschtsein von Freude, die Überwältigung durch eine Landschaft oder musikalische Komposition, das unverdiente Geschenk einer Freundschaft, einer Liebe, die uns genauso wie manche Beengung über uns hinaustreibt, dann kommen wir heraus aus der Anspruchslosigkeit, dass wir vom Leben nicht mehr verlangen als das Butterbrot. Dann entsteht »Gotteshunger«.

Das Schlimme ist doch, dass wir in so vielem langweilig geworden sind, weil da gar nichts Großes mehr in unserem Leben Raum hat. »Ich habe mein Leben zu einer Neckermannversandhauskataloggröße gemacht. Jetzt erst erkenne ich, Gott lugt durch alle Fenster in mein Leben.«

Im Psalm 130,1 spricht der Mensch: »Aus den Tiefen rufe ich zu dir, o Herr, höre meine Stimme!« Gilt für Gott nicht ebenso?: »Aus den Tiefen rufe ich zu dir, o Mensch, höre meine Stimme!«[29]

Der christliche Glaube glaubt nicht nur an Gott, nein, er glaubt auch an den Menschen. Das ist in einer Zeit zu sagen, die sich skeptisch selbst gegen den Menschen wendet und ihn neu erfinden möchte. An den Menschen zu glauben, ist genauso wenig beweisbar, wie an Gott zu glauben, denn vieles spricht gegen den Menschen.

Gott jedoch glaubt an den Menschen, sonst hätte Gott seinen Sohn nicht gesandt. In seinem Sohn glaubt Gott an uns Menschen, an mich. So anspruchslos, so visionsfrei, so geistlos, so auf Geld und Karrieren zurückgebogen, wie es manchmal heißt, sind die Menschen nicht. Das ist zwischen den Zeilen, in den Augen und in manchen Gesten überall zu spüren. Mit dem Gotteshunger ist es so, dass er nicht kaputtzukriegen ist, weil Gott selber in uns mit uns ruft. Wir leiden heute nicht unter Jenseitsvertröstungen, wir leiden unter Diesseitsvertröstungen und reiben uns die Seele wund.

Wir sollten unsere wahre Berufung als Menschen besser kennen, aus Liebe zur Erde, aus Liebe zu den Geschöpfen, aus Liebe zu allen Menschen, aus Liebe zu uns selbst. Wir sind in vielem nicht mehr bei Trost! Wir krallen uns und andere fest. Wir pressen dieses Leben wie eine Zitrone aus, bis zum Letzten, diese Welt, die Geschäfte, unsere Partner, die Kinder und werden die bitteren Kerne schlucken, weil uns die Dimension des Ewigen abhanden kommt. Wir können nicht lassen, kaum noch freiwillig loslassen, wohin denn auch?

Unsere erste Berufung als Menschen

Wer wirklich leben will, sollte den »großen Erzählungen des Glaubens« trauen. Sie sind nicht für Beweise gedacht, sie sind für das Vertrauen gegeben. Sie zwingen sich nicht auf. Wir können sie nur von uns weggehen hören, um ganz neu auf uns zuzukommen. Nicht wir haben sie erfunden, sondern sie sind uns zugesprochen worden. Wir suchen sie, aber diese Erzählungen finden uns; besser: sie erfinden uns als neue Menschen. Sie bergen eine spirituelle Kraft, um wieder mit uns und der Welt ins richtige Maß zu kommen.

In der Apostelgeschichte befindet sich ein bemerkenswerter Text. Er stammt aus der so genannten Predigt des Apostel Paulus auf dem Areopag, dem Öffentlichkeitsforum der Stadt Athen. Dort heißt es:

»Gott hat aus einem einzigen Menschen das ganze Menschengeschlecht hervorgehen lassen, damit es die ganze Erde bewohne. Er hat für sie bestimmte Zeiten und die Grenze der Wohnsitze festgesetzt. Sie sollten Gott suchen, ob sie ihn fühlen oder finden könnten; er ist ja keinem von uns fern. Denn in ihm leben wir, bewegen wir uns und sind wir. So haben ja auch einige von eueren Dichtern gesagt: Wir sind von seinem Geschlecht« (Apostelgeschichte 17,26–28).

Paulus auf dem Areopag.[30] Er entdeckte dabei den Altar mit der Inschrift:»Einem unbekannten Gott«. An diese Inschrift anknüpfend verkündet er den Athenern,»was sie verehren, ohne es zu kennen«. Der »unbekannte Gott« hat die Welt gebildet, alles, was da ist. Jedes Wesen verdankt ihm Atem und Leben und alles. Er braucht nicht uns, wir brauchen ihn. Wozu sind wir da?»Gott hat den Menschen bestimmte Zeiten und die Grenzen ihrer Wohnsitze festgesetzt« (Apostelgeschichte 17,27). Er gab uns ein kleines Maß an Zeit zu leben, und in dieser kleinen Zeit einen – gemessen am unendlichen Weltall – winzigen Raum zum Wohnen. Was kann unsere Existenz bedeuten?

Paulus sagt: Unsere Existenz hat ein Wozu und Wohin: Damit wir »Gott suchen, ob wir ihn fühlen und finden könnten«. Unsere Einschränkungen und Begrenzungen sind ein Stimulans für die Suche nach dem Unbegrenzten: denn wir sind, obwohl Geschöpf,»von seinem Geschlecht«. Wären wir das nicht, dann existierte in uns nicht das Sehnen über unsere Grenzen hinaus, dann würden wir, den Tieren gleich, diese Grenzen gar nicht als solche verspüren. Sich in seiner Bruchstückhaftigkeit, seiner Bedingtheit als Geschöpf erleben, erleiden, annehmen und erkennen, bedeutet ausgreifen nach dem Unbegrenzten und Unbedingten, dem Schöpfer. Ihn»suchen, ob wir ihn fühlen und finden«: das ist das Thema, das uns Gott sozusagen in unserer

Geschöpflichkeit gestellt hat. Ihn suchen ist der innerste Inhalt unserer Erdenexistenz. Darin und dadurch finden wir uns erst selbst und die ganze Welt wieder.

Die Wirklichkeit Gott, durch die wir selber wirklich sind, will sich von uns finden lassen, unter der Voraussetzung, dass wir uns aufmachen, um sie zu suchen und zu ertasten; eben dadurch erweisen und verwirklichen wir uns als von »seinem Geschlecht«.

Paradoxie der menschlichen Existenz: sich in seinen Grenzen annehmen, seine Kreatürlichkeit bekennen; zugleich aber den Grenzenlosen suchen, im Gehorsam gegen ihn und in der Ermächtigung durch ihn seine Begrenzungen überschreiten, zu ihm, dem Grenzenlosen, hin durchbrechen.

In einem Bild gesagt: Die Begrenzung im Mutterschoß ist Voraussetzung für ein Werden, das in der Entgrenzung durch Geburt den Menschen das Licht der Welt erblicken und die Freiheit von Geist und Leib erlangen lässt. Entsprechend sind die Begrenzungen, denen der heranwachsende Erdenmensch in Zeit und Raum noch unterworfen ist, die Vorstufe und Vorbedingung für seine endgültige Entgrenzung im Tode als einer zweiten Geburt.

Indem wir uns als Geschöpfe erfahren, als in unsere Grenzen Verwiesene, verlangen wir, die wir »vom Geschlecht Gottes« sind, nach Offenbarung und Weisung des Schöpfers, die uns aus unseren Grenzen befreit. Empfangen und befolgen wir diese Weisung, dann ist der Tod nicht die endgültige Grenze unserer Lebendigkeit, sondern im Gegenteil die Entgrenzung zur endgültigen und unbegrenzten Wirklichkeit hin.

Die Bibel kennt vor allem *eine* zentrale Gefährdung: die Verabsolutierung der Endlichkeit. Falls wir die Gegebenheit unseres Geschaffenseins, die uns zugewiesenen Grenzen, deren letzte der Tod ist, leugnen und uns selbst für Gott halten oder Geld, Macht absolut setzen, dann verabsolutieren wir den Tod. Wir schaffen Strukturen des Todes.

Die erste Berufung des Menschen ist es, in der raumzeitlichen Begrenzung seines geschöpflich-irdischen Daseins den Unbegrenzten zu suchen, zu fühlen und zu finden – also zu erfahren und zu erkennen. So gibt er sich, die Welt und den Menschen neben sich frei. Ja gewinnt, erlöst vom Krampf der Beharrung im Endlichen, hier schon alles neu zurück. Er kann lassen, freilassen.

Nun wäre das Suchen nach dem Grenzenlosen ein hoffnungsloses Unterfangen, wenn Gott in unendlicher und unerreichbarer Ferne über uns wohnte. Aber so ist es nicht. Er ist, wie Paulus nun sagt, »keinem von uns fern«.

In diesen Zusammenhang hinein sagt er nun ein weiteres erstaunliches Wort: »Denn in ihm leben wir, bewegen wir uns und sind wir.« Ein Satz, der sich einprägt, sobald man ihn aufmerksam hört, auch wenn man aus der langen Areopag-Rede sonst nichts behielte. Er ist Heiden gesagt, er gehört zur ersten apostolischen Auskunft vor Unwissenden über den wirklichen Gott. Dieser Satz reißt einen Horizont auf, der in seiner grenzenlosen Weite äußerster Gegensatz ist zu Göttervorstellungen und Götzenbildern. Zugleich rührt er an die Wurzeln unseres Menschseins und unserer Berufung überhaupt, an Urerwartung und Urerfahrung, ja an das Fundament des christlichen Glaubens; das ganze Credo verbirgt sich in ihm. Die Welt ist nicht Gott, aber die Welt ist Gottes voll: »In ihm leben wir, bewegen wir uns und sind wir.«

Es war die Gefahr der Griechen und ist die unsere immer noch, dass man zwar glaubt, es gibt nur einen Gott, den Schöpfer von Himmel und Erde, sein Denken an diesen Gott heimlich aber weiter von der Kategorie »Götter« bestimmen lässt. Mit anderen Worten, dass man Gott abbildbaren Göttern gleich in menschliches Sichvorstellen, Begreifen und Definieren hineinholt und so zum Gegenstand seines Denkens macht, in ein Gegenüber zu sich bringt nach dem Denkschema: Hier Welt und wir – dort, über uns, Gott.

So wird Gott »auf Distanz« gebracht, die dem Glauben und Glaubenkönnen eine allerwichtigste Voraussetzung vorenthält, die Wahrheit: Gott, der Schöpfer, ist zugleich die das ganze All durchdringende, tragende, bergende, darum auch alle Armut und Verlorenheit und alles Leid mittragende und verantwortende Wirklichkeit. Nur von dieser Voraussetzung her ist jenes letzte ahnende Erkennen denkbar, das die Bibel ausspricht: »Gott ist Liebe« (1. Johannesbrief 4,9) – die im gekreuzigten Christus vollends offenbar werdende Liebe (Johannes 13,1).

Der großen Erzählung des Glaubens trauen

Wirklich leben im Gewirk der Wirklichkeit, das ist mehr als *fit for fun*. Dafür braucht es die »große Erzählung des Glaubens«. Wer sie kennt, braucht nichts auszublenden, sondern kann auf Tiefenschärfe stellen. Diese Glaubenserzählung schenkt uns die engagierte Gelassenheit in den Höhen und Tiefen des Lebens. Sie erfüllt uns mit Kraft, nicht vor jedem Meinungstrend einzuknicken, der uns nur an uns selber vorbeiführt. Sie gibt uns Weite und visionären Mut, der auch im Blick auf die gesamte Welt Hoffnung weckt. Wir sollten unsere grundlegende Berufung kennen: Wir sind auf dem Weg zum unendlichen Gott und diese Welt will mitgenommen werden durch uns. Du bist der Ort, an dem Gott die Welt zu sich bringen will. Wer die große Sehnsucht durchstreicht, landet in der Sucht, und deren gibt es viele.

Wenn die Wahrheit der Glaubensbotschaft auch niemals zu beweisen ist, so lässt sie sich doch bewähren. Die Glaubensbotschaft bewährt sich an der Frage, ob der Glaube ein sinnvolles, überzeugendes Menschsein ermöglicht und seinen wesentlichen Fragen gerecht wird. Dies wiederum setzt voraus, dass der Glaube im Leben versucht wird und dass die Fragen, die zum Menschen gehören, auch gestellt werden dürfen und die ganze Wirklichkeit in den Blick gerät. »Wer niemals über den Alltag hinausgedacht und über das Wunder seines Daseins gestaunt hat; wer nie die Verheißung und Not der Liebe erfuhr und der Ermutigung bedurfte; wem niemals das Bewusstsein unbedingter Verpflichtung aufging und der Schmerz des Versagens, wer kein Wissen hat von der Sehnsucht noch in allem Glück, nicht weiß von dem Absturz des Denkens und nichts von der Angst, die unser zufälliges Dasein begleitet; wer seine Hoffnungen vorzeitig begräbt, sich dem Tod schon als Lebender unterwirft und niemals empört war über das Schicksal der vielen, die betrogen und elend, ohne Erinnerung und Rechtfertigung sterben – der wird natürlich auch keine Glaubens- und Sinnfragen stellen.

Aber wäre ein solches Monster noch menschlich? Wir können unbedingt fragen und werden uns das nicht austreiben lassen. Denn solches Fragen ist keine Krankheit, von der wir geheilt werden müssten, sondern Auszeichnung des Menschen, Beweis seiner Freiheit«, formuliert pointiert Thomas Pröpper.[31] Wir sind unserer Lebensführung und unseren Kindern die letzten Fragen schuldig. Hier sind wir alle noch Schüler, Kinder, die die Hoffnung lernen. Mahatma Gandhi hat einmal gesagt:»Es ist nicht zu leugnen, dass ein Kind, ehe es noch sein Alphabet zu schreiben beginnt und weltliches Wissen sammelt, wissen sollte, was die Seele ist, was Wahrheit, was Liebe ist, welche Kräfte in der Seele verborgen sind. Es sollte für jede wirkliche Erziehung wesentlich sein, dass ein Kind eben das lernt und im Kampf des Lebens den Hasser leichter durch Liebe überwinden kann, die Unwahrheit durch Wahrheit und die Gewalt durch Selberleiden.«

Lernen werden wir, die wir schon so erwachsen sind, dies jedoch erst alles im Horizont unserer ersten und letzten Berufung als Menschen. Wir sind als Menschen mehr als Menschen, wir sind auf Gott hin lebende Menschen.

Bausteine zum wirklichen Leben

Unsere Zeit braucht geistliche, spirituelle Kräfte, um nicht im Materialismus und Konsum zu ersticken. Wir bleiben sonst im Sog einer eindimensionalen Lebenskultur und der Logik der Märkte stecken. Aus christlich-franziskanischer Tradition lassen sich zehn Bausteine für ein solch spirituelles Leben geben, die so von Helmut Schlegel vorgelegt wurden:[32]

1. Du bist einmalig. In dir steckt eine Idee Gottes. Dein Leben ist die Geschichte der Begegnung mit ihm.

2. Du brauchst aus deinem Leben kein Programm zu machen. Du bist wandelbar. Sieh das Jetzt und das Heute. Verändere, was du kannst. Überlasse Gott, was du nicht verändern kannst.

3. Vor Gott brauchst du keine Maske aufzusetzen und keine Rolle zu spielen. Zeige dich, wie du bist, mit allen Stärken und Schwächen. Bringe dein ganzes Leben vor ihn.

4. Alle Dinge haben ihre Sprache: die Materie, die Pflanzen, die Tiere, die Menschen. Betrachte die Geschöpfe als Spiegelbilder Gottes. Lass sie durchsichtig werden, bis sie Gottes Gesicht offenbaren.

5. Mache dich nicht abhängig von den Dingen, die du hast oder nicht hast. Fixiere dich nicht auf Wünsche, die dich unfrei machen.

6. Denke und handle positiv. Glaube an die Energien, die in dir stecken. Glaube an die Fähigkeit aller Menschen, zu lernen und sich auf das Gute einzulassen.

7. Im Wort Gottes begegnet dir der lebendige Christus. Fühle dich persönlich angesprochen. Betrachte die Bibel als das Drehbuch der Geschichte Gottes mit uns Menschen. Suche deine Rolle und bringe dich in das Spiel des Lebens mit ein. Finde deine ganz persönliche Berufung.

8. Weiche dem Schmerz des Lebens nicht aus. Schmerz und Leid sind Wege in die Tiefe. Dein Kreuz kann dich reifer machen und gibt dir die Chance, mitzutragen am Kreuz Christi für eine neue Welt.

9. Lebe solidarisch in der konkreten Gemeinschaft der Glaubenden. Stelle deine Fragen und benenne die Ungereimtheiten. Aber grenze weder dich selbst noch andere aus.

10. Widersetze dich jeder Form von Gewalt. Achte auf die kleinen Verletzungen bei dir selbst und bei anderen. Sie sind meist der Anfang einer Kette von Misstrauen und Aggressionen. Habe Mut, erste Schritte zu tun, und warte nicht, bis andere auf dich zukommen.

Zehn spirituelle Leitsätze christlicher Berufung, zehn Leitsätze zum vollen Menschsein, die eine Kultur der Liebe fassbar machen. Wer sie nur anfanghaft lebt, wird bald verstehen: »Gott umarmt uns durch die Wirklichkeit«, deshalb können wir die Wirklichkeit umarmen, ohne davonzulaufen. Wegschauen gilt nicht. Für den, der glaubt, ist die gegebene Zeit Ort der Gott- und Menschen-Suche. Gerade eine Zeit, die voller Ereignis- und Erlebnishunger ist, greift auch nach den religiösen und spirituellen Sphären, oft allerdings nicht um die Wirklichkeit zu umarmen, sondern sie zu fliehen. Paradox oder nur allzu logisch: Der Religionshunger steigt auf satten Partys. Religion ist plötzlich wieder in; der Grenzverkehr mit dem Unendlichen ist gefragt. Bleibt die nicht konsumierbare Gott-Suche, die Unverzweckbarkeit Gottes dabei verschüttet? Wem zum Schaden?

3
Die verschüttete Sehnsucht nach Gott

»Wo leben wir eigentlich?«[33] Wer sich darüber informieren will, der kann die Soziologen befragen und stellt fest: die wissen es auch nicht so genau. Die Häufigkeit, mit der sich die verschiedenen Diagnosen von Zeit und Kultur ablösen, ist selbst ein Symptom einer schnelllebigen Zeit. Es ist bezeichnend für unsere Gesellschaft, dass sie ständig neue Zustandsbeschreibungen erhält: Wohlstandsgesellschaft, Risikogesellschaft, Informationsgesellschaft, digitale Gesellschaft, Zwei-Drittel-Gesellschaft, aber der Stern am Deutungshimmel firmiert unter dem Titel »Erlebnisgesellschaft«.

Hinter diesem Diagnosetitel des Bamberger Soziologen Gerhard Schulze verbirgt sich nicht die These, unsere Kultur sei von nichts anderem bestimmt als von dem Bestreben, unser Dasein als ein großes Ereignis zu inszenieren.

Das wäre weit gefehlt. Die Leitthese lautet vielmehr: Unsere Gesellschaft ist alles andere auch. Sie ist Hightech, Konsum, Ellenbogen, Leistungsgesellschaft. Aber mehr als all dies ist sie eine Erlebnisgesellschaft. Der Hintergrund dieser Entwicklung ist freilich vielfältig. Sicherlich lautet die Losung seit 1990: »Der Kapitalismus ist durch.« Die Möglichkeiten des Kalten Krieges, nämlich mindestens zwei plus einen dritten Weg sind vorbei (Kapitalismus, Sozialismus, Soziale Marktwirtschaft ...). Es gibt keinen normativen Gesamtkontext mehr, der einfachhin unhinterfragbar ist. Digitalismus, Gentechnologie und andere biofuturistische Ideologien gewinnen die Oberhand. Die harten Denkmuster der Epoche in unserer Gesellschaft liefert der natur- und ingenieurwissenschaftliche Determinismus, der alle anderen kulturellen Ideen und Werte auf ihre Plätze verweist. Die Embryonenforschung ist dafür nur ein typisches Beispiel.

Der Verzicht auf Eingriffsmöglichkeiten seitens der Politik, die sich vor allem alle Türen offen halten möchte und ohne moralische – abgewertet zu: ideologische – »Scheuklappen« bestrebt ist, den Forschungsutopien hinterherzulaufen. Die Rede von den Sachzwängen, dem Wirtschaftsstandort, den Arbeitsplätzen ist entlarvend für den ethisch unterbelichteten Gesellschaftspragmatismus. Der Einzelne wird immer ohnmächtiger gegenüber einer scheinbar unumkehrbaren Gesamtentwicklung. Was bleibt ist der Rückzug ins Private. Wenn die Maschine läuft, ist die Sehnsucht groß, wenigstens den eigenen Bereich zu gestalten. Hier muss nun das ganze Glück stattfinden. Man wird zum »Fanatiker des Selbst«[34].

Die Suche nach der Technik des Selbst wird im Kleinen – im Privaten – groß geschrieben. Ein wenig gefühltes und authentisches Leben neben der Absolutheit des wirtschaftlichen Totalanspruchs, der großstädtischen Welt, der künstlichen und virtuellen Welten, wird ersehnt. »Authentizist« darf man nur sein, wenn man eben nur das sein will, was sowieso alle sind, nur eben ein bisschen »authentischer«. Dahinter steht der Hunger nach dem gefühlten Leben. Eine – sicherlich nicht die alleinige – Antwort auf diese Gegenwartsbefindlichkeit ist der neue kategorische Imperativ: »Erlebe dein Leben!« Er bringt ganz neue Orientierungsmuster für das je eigene Leben hervor. Lebensqualität ist Erlebnisqualität! Diese Lebensphilosophie ist wiederum entstanden im Kontext einer tiefgreifenden Veränderung unserer Beziehungen zu Gütern und Dienstleistungen: weg von einem sachorientierten, zweckbezogenen Umgang mit dem Lebenswichtigen; hin zu einer subjektorientierten, aktionsorientierten Einstellung.

Alles muss »Event«-Charakter haben. Der »Kaufhof« will kein biederes Warenhaus mehr sein, sondern ein »Erlebniskaufhaus«. Ein Restaurant, das etwas auf sich hält, verspricht »Erlebnisgastronomie«. Bahnhöfe präsentieren sich als »Erlebniswelt mit Gleisanschluss«. Waren und Dienstleistungen erfüllen nicht mehr primär einen Zweck, sondern vermitteln Erlebnisse und Gefühle. Früher war ein Kunde frustriert, wenn ein gewünschtes Produkt nicht aufzutreiben war oder technische Mängel aufwies. Heute ist er enttäuscht, wenn ein technisch einwandfreies Produkt zwar funktioniert, aber die gewünschten inneren Wirkungen nicht auslöst. Was habe ich von einem Körperpflegemittel, das zwar den Körper pflegt, aber das Gefühl der sportlichen Coolness nicht aufkommen lässt …?

»Es kommt darauf an, wie man sich fühlt« – von allen Seiten ist diese Beteuerung zu hören. Das Alter spielt keine

Rolle. Es kommt darauf an, sich jünger zu fühlen. Gradmesser ist der Einzelne, seine Skala bildet sein Inneres: Gefühle, Stimmungen, Wünsche. Es gilt, die Lebensumstände so zu gestalten, dass man darauf in einer Weise reagiert, für deren Beschreibung Begriffe wie »interessant«, »toll«, »cool« oder »geil« zur Verfügung stehen.

Eine solche Erlebnisorientierung ist zugleich die unmittelbarste Form der Suche nach Glück und Sinn. Glück und Sinn werden nicht mehr für das Ganze, sondern in aneinander gereihten Einzelerlebnissen gesucht, über deren Qualität das Subjekt befindet. Sinn ist etwas Episodenhaftes – nichts für die Ewigkeit. Wie es »Lebensabschnittspartner« gibt, so auch einen »Lebensabschnittssinn«. Mehr ist nicht drin. Es kommt darauf an, im Leben möglichst viele Sinninseln anzusteuern. Den Kompass stellt die Erlebnisorientierung bereit. Sinn hat, was mit den Worten »aufregend«, »spannend«, »schön« kommentiert wird.

Solche Sinnbeschreibungen sind bei näherem Hinsehen Selbstbeschreibungen des Subjekts, das angibt, wie es sich in einer bestimmten Situation fühlt oder was es empfindet. Je nach Stimmung und Befindlichkeit sind Faszination, Ekstase oder Harmonie gefragt – auf keinen Fall Langeweile. Jeder Tag soll bunt und keiner grau sein. Damit man die Lust am Leben nicht verliert, ist es nötig, Beeinträchtigungen und Behinderungen hintanzustellen. Verbindliche Beziehung, aber auch Kinder können zu solchen Störfaktoren zählen. Am wichtigsten ist es, sich mit den äußeren Umständen so zu arrangieren, dass der Spaß am Leben zusammen mit den erwünschten Befindlichkeiten möglich bleibt.

Die Melancholie der Erfüllung

Die Werbung weiß: »Have fun!« Das Leben verdirbt, wenn es keinen Spaß (mehr) macht. Folglich muss man allem Spaß- und Lebensverderbenden aus dem Weg gehen. Der Markt lebt davon, immer neue Variationen von Erlebnisangeboten anzupreisen. Sie signalisieren, dass es doch etwas gebe, was noch nicht da gewesen sei. Trotzdem stellt sich bald die Melancholie der Erfüllung ein. Auf dem Erlebnismarkt wächst die Gruppe der missmutig Vergnügten. Ihr Problem sind sie selbst, die Abnahme ihrer Faszinierbarkeit geht einher mit der Steigerung des Reizangebotes. Wie Süchtige greifen sie nach immer mehr und haben immer weniger davon. Im Moment der Wunscherfüllung entsteht bereits die Frage, was denn als nächstes kommen soll, so dass sich Befriedigung gerade deshalb nicht mehr einstellt, weil die sofortige Suche nach Anschlussbefriedigungen dies unterläuft. Kaum am Urlaubsort eingetroffen, keimen bereits die Überlegungen, wohin im nächsten Jahr die Reise gehen soll …

Je selbstverständlicher schöne Erlebnisse zum Sinn des Lebens gemacht werden, umso größer wird die Angst vor dem Ausbleiben solcher Erlebnisse. Zur Angst vor Langeweile gesellt sich die Angst, etwas zu versäumen. In einem solchen Kontext ist zwar nicht mehr das Leben bedroht, aber sein Sinn. Wo das Erleben des Lebens zur Lebensaufgabe wird, steigt das Risiko, durch Ausbleiben von Erlebnissen dem Leben nichts mehr abgewinnen zu können.

Unterschiedliche Reaktionen gibt es auf die Melancholie der Erfüllung. Die eine lautet »verdrängende Ignoranz«, die Bernd Guggenberger so umschrieb: »Das postmoderne Lebensgefühl ist aus zwei Komponenten gefügt: erstens

[aus] der Erfahrung, dass es keinen Sinn (mehr) gibt für das Ganze, und zweitens [aus der] Entschlossenheit, dass dies noch lange kein Grund sein braucht, Trübsal zu blasen.«[35] Der Verzicht auf den großen Sinn und die Stillung des Sinnbedürfnisses in den eigenen diesseitigen Lebensplänen wird von Nietzsche in seiner berühmten Vision vom letzten Menschen formuliert:»Man hat ein Lüstchen für den Tag, man hat ein Lüstchen für die Nacht, aber man ehrt die Gesundheit.« Heute könnte man vielleicht ergänzen:»Man ehrt das Genom«. Die blass alltägliche Strategie zur Liquidierung der Untergrundfragen heißt:»bewusstlos machen« durch Arbeit, viel Arbeit, durch Amüsement, durch Beziehungstaumel. Alkohol, Drogen, Fernsehkonsum und anderes mehr sind Vakuumanzeiger.

Antidepressiva, Happy-Pills, sind nicht weniger signifikant. In Nürnberg, eine der wenigen Städte, von der eine sichere Statistik über die Verschreibung von Antidepressiva durch Hausärzte vorliegt, ergibt sich, dass mehr als 60 Prozent aller Frauen über 60 Jahren solche Mittel verordnet bekommen. Hauptursache: Frustration am eigenen Lebensideal.

Ist uns schon der Schrecken durch die Glieder gefahren, wenn wir»zahnwehhaft scharf spüren, dass Gott fehlt« (Martin Walser)?

Das Gros der jüngeren Generationen zeigt sich derzeit unberührt. Große Ideologien und Entwürfe haben abgewirtschaftet. Angestrengte Ökopolitik ist verpönt. Natürlich weiß man, dies und jenes von beängstigenden Entwicklungen, aber was soll man machen … Trübsal blasen auf jeden Fall nicht. Manchmal bleibt der Eindruck: Politik, Soziales, Kultur gehören nur dazu, sofern etwas daraus gerade für»kultig« erachtet wird.

Da die eigene Leistungskraft in der Regel bis zum vierzigsten Lebensjahr leicht dazu ausreicht, immer neue Erlebniswelten aufzubauen, fehlt es gerade in dieser Altersschicht an Nachdenklichkeit. Man rettet sich ins Tempo. Nachdenklichkeit ist nicht an der Zeit, weil keine Zeit ist ... Natürlich sollen diese Feststellungen keine Pauschalisierung sein! Die Dinge sind immer komplexer. Aber die Tendenz ist augenfällig.

Die schmeichelnden Verheißungen der neuen Religiosität

Eine andere Reaktion auf den letztlich melancholisch-frustrierenden Grundsatz »Erlebe dein Leben!« ist die Suche nach einer neuen Religiosität. Nur Unendliches kann Unendliches stillen, dies wird unterschwellig gespürt. Nur das Geheimnis kann bergen. Religion ist plötzlich wieder »in«, weil sie das Angebot hat, was all denen fehlt, die schon alles hinter sich haben: Grenzverkehr mit dem Unendlichen. Die neue Religiosität hat ihre eigenen Verheißungen und Fallstricke. Der Münsteraner Theologe Johann Baptist Metz kennzeichnete diesen Trend mit einer scharfen Frage: »Religion als Name für den Traum vom leidfreien Leben, als mythische Seelen-Verzauberung, als psychologisch-ästhetische Unschuldsvermutung für den Menschen: ja. Aber Gott, der Gott Abrahams, Isaaks und Jakobs, der Gott Jesu?«

Was zunächst wie Ausbruch aus den Überdrehtheiten unserer Zeit und des Erlebnismarktes aussieht, erweist sich auf den zweiten Blick oft als dessen Fortsetzung. Gefragt sind Wege und Formen einer unmittelbaren Erfahrung des Religiösen, des Mystischen, des Göttlichen. Auch hier geht es wiederum um Erlebnis. Von allen religiösen Angeboten werden heute in hohem Maße jene gewählt, die Transzendenz in Aussicht stellen, in denen die Adressaten nicht auf die Vermittlung von überkommenen Institutionen angewiesen sind. Wer unmittelbare Jenseitskontakte anbieten kann, hat erhebliche Vorteile auf dem Markt.

Überhaupt bezieht der Mystikboom seine Attraktivität aus der Möglichkeit, dass der Einzelne auf direktem Weg mit dem Unendlichen in Kontakt treten kann. Die religiöse Nachfrage wird bestimmt vom Interesse an einer Spiritualität, die sich von intensiven Erlebnissen nährt. Die Suche nach den Quellen dieser Spiritualität wollen viele in eigener Regie vornehmen. Unter Esoterikern ist bereits die Losung zu vernehmen: »Was Gott ist, bestimme ich!«

Hier avanciert das religiöse Subjekt selbst zum Experten in Religionsdingen. Ähnlich wie auf dem Gesundheitsmarkt übt es sich in der spirituellen Selbstmedikamentierung. Auf der Basis intensiver Selbsterfahrung weiß es schließlich am besten was ihm gut tut. Wichtiger als die gesellschaftlichen Konsequenzen praktizierter Religiosität sind ihre Auswirkungen auf den psychischen Haushalt des Individuums. Geistliches Leben reduziert sich auf eine »Wenn-es-dir-gut-tut-Anwendung«. Heilige Schriften, Riten, Symbole, Institutionen sind nur insoweit belangvoll, wie sie bestimmte Wirkungen im eigenen Leben wecken: Stimmungen, Gefühle, Betroffenheit, Ekstasen, Ergriffenheit, Trance. Nicht mehr die Botschaft beziehungsweise der Inhalt ist entscheidend, sondern das Ergriffenwerden – egal wovon.

Der religiöse Markt ist weit und die Erlebnisbedürfnisse sind groß. Was soll es sein: anthroposophische Ganzheitlichkeit, buddhistische Stille oder pfingstlerische

Geistergriffenheit im Rausch des »Jesus liebt dich«? Aus der Vielfalt religiöser Angebote kann das gewählt und neu zusammengestellt werden, was jeweils der aktuellen psychischen und ästhetischen Bedürfnislage entspricht. »Die ›Erlebnisreligion‹ gehört zur Gegenwart – ob ihr auch die Zukunft gehört, ist fraglich«, so formuliert es Joachim Höhn. Sie ist letztlich eine religionsfreudige Gottlosigkeit. Sie hat sich nur selbst zum Ziel. Sie ist in nicht wenigen Fällen Selbstumkreisung und Selbstbespiegelung. An manchen Orten ist diese »Erlebnisreligion« in die Kirche eingezogen. »Fort von den nur behauptenden Sätzen der Dogmen und der Moral, fort von der Gedankenschwere und der Kopflastigkeit, hin zur Erfahrung Gottes!« Das mag nicht gleich falsch sein. Dogma und moralisches Gebot finden nur dann Gehör, wenn sie in persönlichen Erfahrungen die Gewissheit von der lebensermöglichenden Wahrheit des Evangeliums »aus erster Hand« vermitteln. Und es ist Höhn zuzustimmen: »Das Evangelium gibt eben nicht nur zu denken und zu tun. Es gibt vor allem dem Menschen die Möglichkeit, sich und die Welt neu zu sehen und anders zu erfahren.«

Es genügt jedoch nicht, den säkularen Erlebnismarkt um eine christliche Dublette zu bereichern und auf das Motto zu setzen: »The event is the message!« Dass Gott nicht gefunden wird, wo dogmatische Begriffskombinatorik und eine lebensferne Moral regieren, heißt nicht: Gott lässt sich nur dort finden, wo nicht gedacht und nichts beansprucht wird.[36] Unser Maß ist nicht Gottes Maß, Gottes Maß aber ist unser. Nicht jedes starke Gefühl ist bereits vom Heiligen Geist gewirkt und nicht jedes Entspannungsgefühl identisch mit einer Erlösungsgewissheit. Oft werden religiöse

Einbildungen mit religiösen Widerfahrnissen gleichgesetzt. Einem verkopften Christentum ist nicht damit gedient, dass seine Vertreter plötzlich kopflos agieren und den Glauben zur reinen Erlebnis- und Gefühlssache erklären. Gott geht weder im Denken noch in Erlebnissen auf.

Umso wichtiger ist die Frage: Welchen Gott suchen wir eigentlich? Suchen wir am Ende nur uns selbst? Suchen wir einen Fitnesstrainer? Ist Gott lediglich unser Beglücker? »Nur wer Gottes Anspruch als Einspruch gegenüber den eigenen Bedürfnissen und Interessen gelten lässt, glaubt wirklich« (Franz Kamphaus). Glaube ist mehr als unsere hinausprojizierte Wunschvorstellung vom geglückten Leben.

Es stimmt, Gott wärmt, aber ist er denn eine Wärmflasche? Lässt er sich funktionalisieren? Suchen wir am Ende das Religiöse – ja sogar Gott – nur, um bei uns selbst anzukommen? Gott, unser Selbstverstärker? Suchen wir einen Wohlfühl-Gott oder den Gott Abrahams, Jakobs und Isaaks, den Gott Jesu? »Erlösung durch Diät, Heil verstanden als Wellness flachen die Mächtigkeit des biblischen Gottes ab. Das ›Rufen und Schluchzen‹ des Menschen nach Gott, wie es Hildegard von Bingen nannte, ist ersetzt durch Selbststeigerung.«[37]

Der Mensch muss über sich hinaus, weit, sehr weit, noch über die Dinge hinweg, über den noch so geliebten Menschen, er muss über sich hinaus, ja sogar über diese Welt. Soweit er auf Gott zugeht, kommt er sich entgegen, anders aber, als er denkt. Wer mit Gott zu tun bekommt, dem vergeht Hören und Sehen, um zugleich neu Hören und Sehen zu lernen.

Auch Christen stehen immer wieder vor der Frage: Reduziert sich unser Christsein nur auf ein Gefühlsdoping? Ist der Glaube lediglich der ästhetische Rahmen für erhabene Weihestunden? Wir müssen also fragen: Wellness oder Gott-Suche?

Wider die Banalisierung Gottes

»Gott ist kein Hampelmann (auch keine Hampelfrau), sondern das unendliche Geheimnis in und jenseits menschlicher kosmischer Existenz. Mit Gott kann man nicht ‚Hoppe Reiter‘ spielen, denn er ist unserem Zugriff und unserer Verfügbarkeit entzogen. Wo allenthalben die Banalisierung Gottes ausgerufen wird, ist umso schärfer dagegen zu halten, gegen eine Verkleinerung, gegen eine fugenlose Verkleisterung in die menschlichen Bedürfnisse und Sehnsüchte hinein, gegen seine lückenlose Vermarktung in die Nachfrage hinein, gegen die Trivialisierung des Mysteriums in die Mystery-Angebote der Unterhaltung, gegen die Verstopfung der Transzendenzsehnsüchte der Menschen durch vorschnelle religiösmagische Erfüllungsangebote, vom Horoskop bis zu den Heilwässerchen. […] Nicht die Gottesbeziehung ist beherrschend, sondern das Haben und Bekommen, und wenn dies nicht erlebt wird, sucht man sich andere Beziehungen. Die Erlebnisqualität diktiert und qualifiziert die Beziehung zu dem, was man Religion, Esoterik oder gar Gott nennt. Hauptsache, man kann die Transzendenz diesseitig verhackstücken und in den Griff bekommen, sei es im Tarotspiel oder in Meditationstechniken« (Otmar Fuchs).[38]

Der »fernnahe Gott«

Beim Propheten Jeremia heißt es: »Bin ich ein Nahgott nur, Spruch des Herrn, und ein Ferngott nicht auch?« (Jeremia 23,23). Und weiter: »So spricht der Herr, der die Erde geschaffen und sie gebildet und ihr Festigkeit verliehen hat, Ich-bin-da ist sein Name. Rufe zu mir, so will ich dir antworten und dir große und unfassbare Dinge kundtun, von denen du nichts weißt« (Jeremia 33,2–3). Der Prophet Jesaja spricht: »Sucht den Herrn, solange er sich finden lässt, ruft ihn an, solange er nahe ist! Der Gottlose verlasse seinen Weg und der Frevler seine Pläne. Er kehre zum Herrn zurück, dass er sich seiner erbarme, und zu unserem Gott, er ist groß im Verzeihen. Denn meine Gedanken sind nicht eure Gedanken und eure Wege sind nicht meine Wege – Spruch des Herrn. So hoch der Himmel über der Erde ist, so hoch sind meine Wege über euren Wegen und meine Gedanken über euren Gedanken« (Jesaja 55,6–9).

Paulus schreibt im Römerbrief (11,33–36): »O Tiefe des Reichtums, der Weisheit und der Erkenntnis Gottes! Wie unerforschlich sind seine Entscheidungen und wie unaufspürbar seine Wege! Denn wer hat die Gedanken des Herrn erkannt? Oder wer ist sein Ratgeber gewesen? Oder wer hat ihm zuerst gegeben, dass es ihm vergolten werden müsste? Denn aus ihm und durch ihn und auf ihn hin ist alles geschaffen. Ihm sei Ehre in Ewigkeit! Amen.«

Unser christlicher Glaube ist nicht ein geschickter Trick, um mit einer verrückten Welt – und unsere Welt ist in vielem verrückt – auszukommen. Er ist auch nicht »ein überdrehter Narzissmus«, in dem es darum geht »unendlich geliebt zu werden, weil uns das hier abgeht«, wie eine gescheite Frankfurter Doktorandin für Soziologie formulierte. Dann wäre Gott tatsächlich nur eine psychologische Absicherung für meine Fitness und Wellness – doch nicht wenige handeln so. Was suchen wir, wenn wir Gott suchen? Gott selbst, nicht uns! Gott ist nicht Erklärung, Rettungsanker zur Kontingenzbewältigung, nicht Bedingung der Möglichkeit, sondern zuerst freie Gabe. Er ist grundloses Geschenk, reine Freiheit, jeden Tag aufs Neue; ohne Warum. Gott ist nicht erreicht, nicht berührt, nicht erfahren im Mittel-Zweck-Denken. Gott ist Gott. Und mit Charles de Foucauld muss man ausrufen können: Wie freue ich mich daran, dass Gott Gott ist.

Schon Meister Eckhart gebrauchte einen erheiternden Vergleich:»Aber manche Leute wollen Gott mit den Augen ansehen, mit denen sie eine Kuh ansehen, und wollen Gott um äußeren Reichtums oder inneren Trostes willen lieben; die aber lieben Gott nicht recht, sondern sie lieben ihren Eigennutz.«

Ein erfahrener (islamischer) Gottesmann wurde gefragt: Wo hast du Gott gesehen? Er antwortete: Da wo ich mich nicht gesehen habe. Wenn der Freund beim Freund anwesend ist, sieht er alles als den Freund an, sich selbst sieht er nicht.»Liebe aber hat kein Warum. Hätte ich einen Freund und liebte ihn darum, dass mir Gutes von ihm geschähe und mein voller Wille, so liebte ich nicht meinen Freund, sondern mich selbst. Ich soll meinen Freund lieben um seiner Güte und um seiner eigenen Tugend und um alles dessen, was er in sich selbst ist, willen« (Meister Eckart).

Gott-Suche geschieht in einem langen Prozess vom Ich-Sagen zum Du-Sagen. Sie beginnt, indem man sich selbst zunächst im Auge hat, und Gott als seine Erfüllung sieht. Am Ende hat man nur noch das Du im Blick. Ein Gleichnis bringt das treffend zum Ausdruck: »Eines Nachts kommt ein Liebender, sieghaft und voll Verwegenheit, und klopft an die Tür seiner Geliebten. Sie fragt: ›Wer ist da?‹ Er antwortet: ›Ich bin es!‹ Sie weigert sich zu öffnen und sagt hart: ›Geh fort.‹ Der junge Mann entfernt sich, bebend vor Zorn, und erklärt, dass er sie vergessen werde, dass er sie schon vergessen habe. Er reist durch die weite Welt. Aber Vergessen findet er nicht. Und die Liebe führt ihn abermals mit unwiderstehlicher Hand vor die Tür der Geliebten. Dasselbe Zwiegespräch wie beim ersten Mal. Nur fügt sie diesen kleinen geheimnisvollen Satz beim Abschied hinzu: ›Du sagst mir das einzige Wort nicht, das mir erlauben würde, dir zu öffnen.‹ Entrüstet, beunruhigt, niedergeschlagen geht er fort. Aber diesmal nicht, um auf fernen Reisen Vergessen zu suchen. Er sucht einsame Schluchten auf, um lange nachzudenken. Langsam weichen Zorn und Leidenschaft in ihm der Weisheit. Was seine Liebe an Heftigkeit verliert, gewinnt sie an Tiefe, und nach Jahren kommt unser Liebender aufs neue schüchtern, demütig und glühender als je zu seiner Geliebten. Bescheiden klopft er an: ›Wer ist da?‹ Mit leiser Stimme antwortet er: ›Du!‹ und sofort öffnet sich ihm die Tür.«[39]

G. W. Leibniz definiert Liebe als »Freude am Glück eines anderen«. Es gehört zum Begriff Gottes, ihn als glücklich zu denken und deshalb als gut, uns sich an ihm zu freuen »ohne warum« – »sunder warumbe« wie Meister Eckhart sagt. Die Freude darüber, dass Gott Gott ist, das heißt in der traditionellen Sprache »Gott lieben«.

Die Liebe zu Gott ist ebenso zweckfrei, aber nicht zwecklos. Sie schenkt mir indirekt, nicht angezielt, als

Kapitel 3

Zugabe eine neue und wirkmächtige Wirklichkeitssicht. Johannes XXIII. hat einmal gesagt:»Glaube ist die Heiterkeit, die von Gott kommt.« Unser Gottesbezug schafft also eine gewisse Gelöstheit, sogar Heiterkeit. Er ist eine Standortverlagerung. Der Glaube an Gott ist eine Befreiung von der angestrengten Diesseitigkeit und Diesseitsvertröstung, die allenthalben erlebbar ist.

Der Glaube ist eine gesellschaftsüberlegene Haltung, ein Rückhalt von Hoffnung und Gelassenheit und Getröstetsein, das den Tod nicht fürchten braucht; eine Liebe, die sich gegenüber dem Anderen, dem potentiellen Konkurrenten, nicht ständig zu versichern braucht.

All dies ist nicht ein »Gott vor den Karren spannen«, sondern ein letztes Freiwerden von sich, in der Freude daran, dass Gott Gott ist. Der Mensch nämlich, der immer weiter und weiter nach Gott sucht und fragt, der also immer tiefer sich hineinarbeitet in das Geheimnis, woher er kommt, wohin er geht und wer er ist, der erst hat überhaupt die Chance, freizukommen von der Angst um sich selbst.

Darüber hinaus gilt als entscheidendes Kriterium zur Unterscheidung der Geister: Wer ganz tief in Gott eintaucht, der taucht neben Armen und Bedürftigen, neben dem Mitmenschen auf.»Wie du zu deinem Nächsten stehst, so stehst du zu Gott.« Denn wer sich ganz zu Gott hinwendet, wendet sich mit Gott zur Erde. Er wird eines »Sinnes mit Gott«. Gott-Suche bedeutet nicht einfach eine Wendung nach Innen, sondern ein Freiwerden für eine andere Lebensweise. Gott-Suche ist kein Aussteigen, sondern ein tieferes Einsteigen. Eines »Sinnes werden mit Gott« heißt: Sieh, was Gott sieht! Hör, was Gott hört! Lache, wo Gott lacht! Weine, wo Gott weint!

Als Mose den Gott Israels im Dornbusch schaut, muss er zu seinen versklavten Brüdern und Schwestern nach Ägypten, um sie zu befreien. Wer Gott erkennt, erkennt die Not des Menschen: Niemand hat Gott gefunden, wenn er nicht seinen Bruder und seine Schwester neben sich findet.

Der schwierig-schöne Weg der Gott-Suche

All dies ist und bleibt ein Weg. Das darf man nicht verharmlosen! Der Weg über uns hinaus, die Gott-Suche, ist etwas Dramatisches! Das Freiwerden von aller Selbstverkrampfung und −fixierung ist Kampf und Mühsal. Gott-Suche kennt Durststrecken. Die biblischen Schriften dokumentieren ein ziemliches Gemisch von Erwartungen, Verwunderungen, Ärger, Ungeduld, Aufbegehren und Zweifel, das genau an dem Punkt entsteht, warum denn der Allmächtige nicht gleich alles im Augenblick und auf der Stelle vollbringt? Ratz fatz! Warum dieses Zuwarten über all dem furchtbaren Geschehen in den verschlungenen Gängen des eigenen Lebens und der Menschheitsgeschichte?

Gott scheint am liebsten auf krummen Wegen zu gehen. Vielleicht aus Anpassung an unsere Vermeidungstaktik? Eine schwierige Operation der Freiheit ist die »Gott-Suche« und das Sich-finden-Lassen von Gott. Es gibt eine nicht verrechenbare Umwegepolitik Gottes.

Dann wiederum geht Gott ganz kurze Wege, wir nennen das Wunder. Sie sind die Aufhebung aller irdischen Umständlichkeiten. Dann gehen einem die Sätze auf: »Gott hat uns zuerst geliebt« (Römer 5,8); »Gott ist größer als unser Herz« (1 Johannes 3,20); »seine Liebe kommt allem Reden zuvor« (Psalm 139); »Gott führt bei denen, die ihn lieben, alles zum Guten« (Römer 8,28). Gnadenhafte Abkürzungen gibt es nicht immer. In der Passion Jesu geschehen keine Eingriffe. Seine Versuchung besteht in der Einladung, den kürzesten Weg der Allmacht zu gehen. Jesus lehnt sie als vom Bösen kommende Suggestion ab.

Adam und Eva, Kain und Abel, Abraham, Mose, David, Jeremia, Jona, Paulus, Petrus: Wer sie nur ein wenig kennt, weiß um die Ruhelosigkeit dieser Gestalten, weil sie an den lebendigen Gott geraten sind.

Der lebendige Gott ist nicht einfach der »liebe Gott«

Nachdenklich macht eine Bemerkung von Jürgen Ebach (evangelischer Theologe an der Universität Bochum), ohne ihr darum gleich Alleingültigkeit zubilligen zu wollen. Er berichtet von einer ihn verblüffenden Frage einer befreundeten Sozialwissenschaftlerin: »Seit wann ist Gott eigentlich lieb?« »Die Frage ist nicht leicht zu beantworten […] Zwar redet die Bibel von Gottes Liebe, doch die zum Namen geronnene Bezeichnung ›der liebe Gott‹ verdankt sich vermutlich eher Grimmschen Märchen und bürgerlicher Frömmigkeit als Bibel und Theologie.« Und Ebach fährt mit einem merkwürdigen Vergleich fort:

»Zuweilen kommt mir auf dem Weg ein mordlustig aussehender Hund entgegen. Während ich angstvoll dem Unheil ins Auge sehe, ruft die Stimme eines (dem Hund nicht selten ähnlich sehenden) ›Herrchens‹: ›Der ist lieb.‹ Und zuverlässig folgt als weiterer Satz: ›Der tut nichts.‹ Die vertraute Wortwahl erlaubt realistisch verblüffende

Rückschlüsse auf die Rede vom ›lieben Gott‹. Lieb sein heißt: Nichts tun. […] Würde – mit Verlaub – Hund oder Gott ›etwas tun‹, so wäre es aus mit dem Lieb-Sein. Der ›liebe Gott‹ ist ›lieb‹ – nicht solange er nichts, sondern weil er nichts tut. Vor dem ›lieben Gott‹ muss man nicht Angst haben – er tut nichts.«[40]

Der Gott Israels, der Gott Abrahams, Isaaks und Jakobs kennt sehr wohl auch Leid, Wunden, die er reißt und heilt, und ungetrösteten Schmerz; und unser Leben kennt dies eben auch. Die biblische Botschaft macht deutlich, dass die Verborgenheit, das schmerzliche Vermissen Gottes und seiner heilenden Wirkung, in die Geschichte Gottes mit den Menschen hineingehört.

Gibt es noch die Ehrfurcht und das Erstaunen vor der Tiefe des Geheimnisses Gottes? Denken wir nicht viel zu brav von Gott? Zu *selbst*verständlich? Glauben wir zu sehr »an einen Gott, der zu uns passt und der uns passt? Der passende Gott ist allemal durch das Kreuz Jesu als Götze entlarvt« (Franz Kamphaus).»Nein, wir haben mit einem Gott zu rechnen, der uns oft gar nicht passt, der uns quer kommt, der uns nicht einfach nur ein Innewerden unseres Selbst vergönnt, ohne jedes Erschrecken, der uns nicht nur jubeln, sondern auch schreien und schließlich schweigen lässt. Dieser Gott kann nicht wegreformiert werden, um das Christentum verträglicher zu machen. Wer die Gottesfurcht preisgibt, der wird durch Menschenangst überrollt. Rechnen wir noch ernsthaft mit diesem Gott? Unser Gott – der passende Gott – ist weder zum Fürchten, noch zum Verlieben. Fängt jemand damit an, wird er schnell in die fundamentalistische und charismatische Ecke gestellt.«[41]

Liebe will wirklich den anderen. Deshalb handelt die ganze Bibel auf jeder Seite von der Liebe Gottes, fast ohne das Wort zu gebrauchen. Die Bibel handelt von einem dramatischen Ringen Gottes mit den Menschen und des Menschen mit Gott. Tatsächlich gilt längst vor meiner Gott-Suche: Gott sucht nach mir. Daran erinnert ja die erste Frage Gottes in der Bibel:»Adam – *Mensch* – wo bist du?« (Genesis 3,9). Er sucht in meiner Langeweile, im Überdruss, in den Brüchen und Abbrüchen von Beziehungen, in der Lebensweitergabe und in der Hingabe an andere Menschen, auch in Krankheit und Tod. Die Varianten der Suche Gottes sind ungezählt, es sind derer gleichsam so viele wie es Menschen gibt.

Könnte es sein, dass Gott mit mir ringt, mit mir einen Kampf kämpft, um mich von mir zu befreien, um mich über mich hinaus zu führen, damit ich mich selbst überhole? Könnte es sein, dass Gott mir in die Quere kommt, dass er meinen Egoismus überwinden will, meine Selbstlüge beseitigen, mich in sein gelobtes Land führen will? Das alles aus Liebe, die es ernst meint.

»Im Glauben wird nicht an etwas oder an jemanden geglaubt – wie an einen Gegen-Stand, der notwendig an mir sein Maß nimmt, von mir gefasst wird. Der Glaube ist fassungslos. Glaube ist der Zustand des Verlustes. Verlust nämlich der eigenen Maßstäblichkeit, weit über den Bilderverlust hinaus; Verlust seiner selbst, Umschlag des Ergreifens in ein Ergriffenwerden; Aushalten eines Abstandes zu Gott, den man selbst nicht mehr überbrückt.«[42]

»Stützt sie (die Seele) sich noch auf ihre eigenen Kräfte, so bereitet sie sich nur Schwierigkeiten und Hindernisse. Für ihr Ziel ist das Verlassen des eigenen Weges gleichbedeutend mit dem Betreten des wahren Weges« (Johannes vom Kreuz).

In der Bibel ist mehr Exodus vorgesehen als heimatliches

Wohnen.[43] Deshalb sind jene Gestalten im Gedächtnis groß und lebendig geblieben, die das bestehende Selbstverständliche verlassen haben, gegen das allgemeine Bedürfnis nach Stabilisierung und Vergemütlichung des Lebens.

Was Gott-Suche heißt

• Gott-Suche heißt aus dem Bekannten in das Unbekannte gehen, wie Abraham, Moses, die Exilspropheten, Paulus, und viele mehr ...

• Gott-Suche heißt riskieren, weil das Kommende nicht gesehen werden kann.

• Gott-Suche und Glauben heißt ohne Netz arbeiten, weil das Ziel nur mit den Mitteln der Freiheit erreicht werden kann. Gott lässt sich nicht vereinnahmen, und man kann Gott nicht vereinnahmen (wie übrigens den oder die andere/n neben mir auch nicht).

• Das Ziel der Gott-Suche ist Gott, der in seiner Bedeutung noch von keinem Auge erfasst, von keinem Ohr vernommen, von keinem Herzen gefühlt worden ist. Der weiteste Abstand ist zu durchmessen.

• Wer Gott findet, sucht, denn sonst hätte Er den nicht gefunden, den es zu suchen gilt. Es gilt also nicht nur: Wer sucht, findet, sondern wer findet sucht!

Am Anfang des geistlichen Weges steht das Finden, das zur Umkehr führt und eine nimmerendende Gott-Suche auslöst. Suchen und Finden, Verlorensein und Gefundenwerden sind Atembewegungen des Glaubens. »Wenn der Gott-Sucher von Gott etwas schmeckt, dann hungert ihm und wenn er hungert, dann isst er schon, und er hungert danach, zu hungern und den Hunger zu verspüren« (Meister Eckart).

In der heutigen Stimmungslage ist eine solche Glaubenssprache, in der Rätselhaftes und Abenteuerliches ausbricht, nicht sehr willkommen, sei es innerhalb oder außerhalb der Kirche. Denn die Erlebnisbeschaffung arbeitet mit einem dicht geflochtenen Sicherungsnetz, das unvermutete Flüge und Abstürze ausschließen soll. Man will »etwas« von Gott, Gott selber will man nicht.

Gott ist das größte, das wichtigste, das schönste Abenteuer unseres Lebens. Gott ist nur im freien Fall zu finden, und mit ihm die ganze Welt – wir nennen das: Vertrauen. Gerade das Vertrauen in Gott schafft uns und die Welt um uns neu. Es lässt ein neues Selbst- und Weltverhältnis entstehen, dessen Frucht die Ehrfurcht ist. Die vertrauensvolle Suche nach dem biblisch bezeugten Gott befreit aus der Umzinglung durch das Reich der Zwecke und Absichten.

4
Spiritualität der Ehrfurcht

Die hier vertretene Überzeugung lautet: Die Gott-Suche ist der Schutz des Menschen vor seinen eigenen Konstrukten. Sie gibt ihn wieder an sich selber frei und mit ihm die ganze Schöpfung. Wer in der Antike eine Seereise antrat, opferte dem Poseidon. Der Bauer, der eine gute Ernte erhoffte, fing eine Wechselwirtschaft von Tausch und Opfer mit der Fruchtbarkeitsgottheit an. Für Krankheit, für Liebe, kurzum für jedes menschliche Interesse gab es eine göttliche Adresse. Die Religionskritik der Propheten wie Jesaja, Ezechiel, Amos, die das ganze Alte Testament bestimmt, entlarvt diesen Mechanismus der nützlichen Götter. Der Gott Israels ist radikal anders. Er ist nicht die Verlängerung menschlicher Bedürfnisse, nicht eine Funktion in der Welt. Er hat die Welt vielmehr geschaffen. Er ist nicht umstandslos der Name für das Kalkül des Nutzens, also das, was wir vielleicht aus unserer Sicht das Gute nennen. Er steht außerhalb und über dem Bereich des Verbrauchs und ist daher selbst nicht kalkulierbar. Er ist geheimnisvoll und widersprüchlich. Seine Zeichen sind Zeichen des Widerspruchs:»der Dornbusch, der brennt, aber nicht verbrennt«,»die Jungfrau, die ein Kind bekommt«,»der Löwe, der bei dem Lamm liegt.« Er ist einzigartig. Von ihm darf es kein Bildnis geben. Er lässt sich nicht empirisch vorweisen. Seine Präsenz zeigt sich im Vorübergang. Die Geschichte vom Goldenen Kalb im 32. Kapitel des Buches Exodus, spricht Bände. Moses zwingt die Israeliten, nachdem er das vom Volk gebaute Götzenbild zerstört hat, dass zu Staub zerstampfte Gold des goldenen Kalbes zu fressen, weil das, was sie verehren, doch nichts anderes ist als ihr eigenes Produkt, das Element ihres wirtschaftlichen Stoffwechsels. Die Propheten leisten unermüdliche Erziehungsarbeit und konkretisieren die Unterscheidung zwischen den selbstverständlichen Göttern und dem unwahrscheinlichen, unverzweckbaren, wahren Gott. Jeremias mahnt die Verbannten in Babylon: Nun werdet ihr in Babylon Götzen von Silber, Gold und Holz sehen, die auf den Schultern getragen werden und den Heiden Furcht einflößen. Hütet euch dann, dass nicht auch ihr den Fremden gleich werdet, und dass nicht auch euch Furcht vor ihnen erfasst, wenn ihr die Volksmenge vor und hinter ihnen sie anbeten seht! Denkt vielmehr still für euch:»Dir allein, Herr, gebührt Anerkennung« (Baruch 6,35; vgl. Jeremia 10,2–16).

Nach der Bibel ist die Beachtung der Unverfügbarkeit beziehungsweise Heiligkeit Gottes der sicherste Schutz, nicht den Götzen zu verfallen, das heißt der Ausbeutung,

Abhängigkeit, Entfremdung und Schändung des Menschen und der Schöpfung durch den Götzen.

Jesu Wort »Ihr könnt nicht beiden dienen, Gott und dem Mammon« (Lukas 16,13; Matthäus 6,24) ist mehr als nur eine fromme Ermahnung an die Reichen, ihr Vermögen in sozialer Verantwortung zu gebrauchen und es mit der evangelischen Armut zu versuchen. Es reicht weniger in den ethischen Bereich als in den der Unterscheidung zwischen Gott und Abgott. Wer ist Gott und was ist ein Götze? Gott und Geld können leicht verwechselt werden. Auf das Geld können sich die gleichen Haltungen beziehen, die eigentlich Gott gelten: Vertrauen, Treue, Sicherheit, Geborgenheit, Dankbarkeit, unendliches Begehren, Mut zur Zukunft und so weiter. Wo es aber fehlt, herrschen Verzweiflung, Sinnlosigkeit und Todesnähe. Martin Luther hat es richtig getroffen in seiner berühmten Auslegung des Ersten Gebots im Großen Katechismus: Das Trauen und Glauben des Herzens macht beide, Gott und Abgott. »Worauf du nun dein Herz hängst und verlässt, das ist eigentlich dein Gott.«

Ehrfurcht gegen Nutzenkalkül

Wir stehen heute vor der entscheidenden Frage: Ist die Natur unser Eigentum, unser Kapital, mit dem wir machen können, was wir wollen – oder sind wir Menschen ein Teil der größeren Familie der Natur, die wir zu respektieren haben? Wenn die Natur nichts anderes als unser Eigentum ist, »herrenloses Gut«, das dem gehört, der es in Besitz nimmt, wie es heißt, dann werden wir der ökologischen Krise der Natur nur technisch begegnen. Wir werden versuchen, durch neue Schöpfungen der Gentechnologie klimaresistente Pflanzen und nützlichere Tiere zu produzieren. Wir werden mit *genetic engineering* eine neue menschliche Rasse züchten, die keine natürliche, sondern nur noch eine technische Umwelt braucht.

Wir könnten aber auch unsere Gewohnheiten ändern und die Natur wiederherstellen und sie wieder leben lassen. Wie aber können wir unser Verhalten ändern? Ist die Zerstörung der Natur nicht eine Konsequenz unseres gestörten Verhältnisses zur Natur und zu uns selbst und zu Gott? Eine esoterisch vorgeschlagene Resakralisierung und eine so genannte »Tiefenökologie« scheinen mir aus verschiedenen Gründen keine gangbaren Wege. Es stellt sich schon allein die Frage: Nimmt uns »die Natur« die Verantwortung wieder ab, wenn sie uns zu schwer wird? Das anzunehmen, wäre naiv.

Der oft geforderte »Frieden mit der Natur« wird schnell vergessen, wenn es darum geht, sich vor Naturgewalten zu schützen. Wir Menschen können gar nicht ernsthaft das Mandat der Herrschaft über die Erde zurückgeben, ohne uns aufzugeben. Aber Herrschaft muss ja nicht Unterdrückung und Ausbeutung einschließen. »Macht euch die Erde untertan«, aber, so sollten wir hinzusetzen: nicht wie der Räuber, sondern wie der Gärtner.

Die Schöpfung ist nicht nur distanziert »ein Werk seiner Hände« zu nennen. Sie ist auch die indirekte, vermittelnde Gegenwart Gottes. Alle Dinge sind geschaffen, um als das »gemeinsame Haus« aller Geschöpfe zum »Haus Gottes« zu werden, in welchem Gott bei seinen Geschöpfen und seine Geschöpfe ewig bei ihm leben können. Das wird biblisch mit dem Bild vom kosmischen Tempel Gottes ausgedrückt. »Der Höchste wohnt nicht in Bauwerken von Menschenhänden, wie der Prophet sagt: Der Himmel ist mein Thron und die Erde der Schemel meiner Füße. Was für ein Haus wollt ihr mir bauen, spricht der Herr. Oder was wäre der Ort meines Ruhens?« (Apostelgeschichte 7,48–49, nach Jesaja 66,1–2). Die Stätte seiner Ruhe ist der Kosmos.

Der Mutterboden der Ehrfurcht

Anthropologisch ist der Mutterboden, in dem jede Ehrfurcht wurzelt, die durch kein Argument widerlegbare Erfahrung, dass ich unlösbar einem Gesamten – einem Kosmos eingefügt bin, aus dem all mein Dasein nicht nur seinen Sinn, sondern auch seinen Bestand gewinnt. Für Albert Schweitzer lautet der Mutterboden jeder Ehrfurcht: »Ich bin Leben, das Leben will, inmitten von Leben, das Leben will« (Albert Schweitzer).[44] Aus diesem Mutterboden können die vier Dimensionen der Ehrfurcht wachsen, die Goethe so umreißt: Ehrfurcht vor dem Höheren: die Grenze der Menschheit; Ehrfurcht zu dem, was unter mir ist: die geschaffene Welt; Ehrfurcht vor dem Mitmenschen: die Grenze zum Anderen hin und schließlich der Ehrfurcht vor sich selbst, der eigenen Würde.[45]

»Der erste Schritt auf einen Menschen zu, ist der Schritt zurück« (Romano Guardini). Damit ist gesagt, was Ehrfurcht intendiert. Sie ist gekennzeichnet durch eine Doppelbewegung: ein geheimnisvoller zurückhaltender Zug, der den oder das andere erst vorkommen lässt, bei gleichzeitiger offener Hinwendung zum Gegenüber. Kern der Ehrfurcht ist das Stehen vor dem Geheimnis und zugleich die Liebe zu ihm als dem Geheimnis. Dies gilt vor Gott, dem Gesamt der Welt und ihrem Gefüge, und vor mir selbst, als nicht einholbarem Geheimnis, als auch der ganzen Schöpfung. Der Ehrfürchtige muss sich des Mutterbodens der Ehrfurcht nicht voll bewusst sein, er wird aber wenigstens ahnen und spüren, dass er die ihn umfassende und tragende Ordnung zu seinem eigenen Unheil verletzen, ja zerstören kann. Hier begegnet er der Furcht vor der eigenen Maßlosigkeit.

Die Ehrfurcht ist kein plötzliches Erlebnis wie ein Schreck oder eine Vision, vielmehr eine Grundstimmung, ein immer waches Lebensgefühl, das mit der persönlichen Selbstentfaltung erwacht. Vergleichbar den fünf Sinnen ist auch Ehrfurcht eine Fähigkeit der Wahrnehmung, ein Tor zur Welt. Ehrfurchtslos sein heißt, ähnlich wie taub oder blind sein, in einer ärmeren Welt, mehr auf sich selbst verwiesen, allein sein.

Indem Ehrfurcht meiner persönlichen Freiheit gegenüber dem Numinosen, Heiligen oder einfach gegenüber dem Vorgegebenen und dem Nächsten Grenzen setzt, hebt sie dieses erst in mein Bewusstsein; so wird sie geradezu zu einer Erkenntnisquelle und zum sicheren Wegweiser im persönlichen Dasein. In den asiatischen Religionen ist Ehrfurcht der Weg zur Weisheit. Was ich durchschaut zu haben meine, verstummt. Was ich zum bloßen Objekt gemacht habe, spricht nicht mehr mit mir.

Die Ehrfurcht keimt aus Erfahrung, sie wächst und braucht Zeit, um sich voll zu entfalten. Sie wächst an der Wahrnehmung und Aufmerksamkeit für die Verletzlichkeit des Lebens und wird immer neu geweckt in der Begegnung. Der Phänomenologe und Philosoph Otto Friedrich Bollnow ist sogar der Auffassung, dass vor allem in der Verletzbarkeit des Lebens das Gefühl der Ehrfurcht seinen reinsten Ausdruck und einzig möglichen Erfahrungsort erhält. Für den Menschen ergebe sich die Erfahrung der Ehrfurcht »erst rückwärts, aus dem schon geschehenen Verstoß gegen die Stimme der Ehrfurcht und ist dem Menschen auf keine andere Weise zugänglich«. Eine Erziehung zur Ehrfurcht kann daher nie durch eine von außen kommende Belehrung geschehen, sondern ist nur »auf dem Weg über die Verletzung des Ehrwürdigen« möglich.[46] Daher wird der immer Geschäftige, Rastlose ihrer nicht teilhaft. Sie bleibt ihm vorenthalten. Die Beschleunigung legt gleichsam einen Nebel um die Tatsache des Eingefügtseins in das Ganze, sie lässt es vergessen, weil sie auf das nächst Greifbare ausgerichtet ist, vergleichbar einer Autobahnfahrt: dort sehe ich nur noch was vor mir ist, das nächste Überholmanöver, nichts von der Landschaft, und nur selten ein kurzer Blick in den Rückspiegel – je höher das Tempo, um so kleiner das Wahrnehmungsfeld.

In einer Welt der »Zeitfenster« und Terminierungen nehme ich nur noch Termine wahr, nicht mehr die Menschen. Die Beschleunigung ist die gnädige Anästhesie der Moderne gegen jede Verletzlichkeit des Lebens, nach dem Motto: *The show must go on.* Wie weit ist die Spaßgesellschaft von Albert Schweitzers Grundansatz jeglicher Sittlichkeit entfernt: »Das Grundgesetz aller Sittlichkeit ist die Ehrfurcht vor dem Leben. Das ist nichts anderes als das Miterleben und Miterleiden dessen, was lebende Wesen um uns her erleiden«?

Ehrfurcht wächst wesentlich aus der Stille, der Sammlung und aus dem Schweigen. »Nur wenn der Mensch auch zum Schweigen vor den Dingen, vor den Menschen und vor Gott kommt, wird er die tiefsten Erfahrungen von Ehrfurcht erleben dürfen und in diesen Erfahrungen zugleich die Ohnmacht des Wortes erfahren« (Theodor

Steinbüchel). Das viele Reden, vor allem das viele Reden über andere, schafft keine Ehrfurcht, gibt keinen Weg frei für eine echte Begegnung. Der Weg der Ehrfurcht beginnt alltäglich schon bei unserem Sprechen.

Ehrfurcht – Einsicht an der Grenze

Die Moderne und ihr wissenschaftlich-technischer Fortschritt ist dagegen darauf gerichtet, die gesamte äußere Wirklichkeit – und damit notwendig auch die innere Wirklichkeit der anderen Menschen und infolgedessen auch die eigene – zu durchschauen, zu beurteilen, um sie eigenen Zwecken dienstbar zu machen. Die Geldwirtschaft erledigt und ermöglicht dabei als Medium das Entscheidende: Sie macht alles zur Ware, verflüssigt in den Austausch. Getragen durch das Medium Geld, gibt sich die Moderne der Illusion hin, das unberechenbare Leben in einen restlos durchschaubaren Ablauf (Funktion) überführen zu können. Das jeweils Bestehende soll so verändert werden, dass es sicherer manipulierbar wird.

Der Mensch stellt sich der Welt also als ihr potentieller Beherrscher gegenüber und sieht sie mit ihrem gesamten Inhalt als Rohstoff und Mittel für seine Zwecke, keinesfalls als Partner oder gar als Kosmos. Wissenschaftstheoretisch ist der Ansatz einer Herstellung »einer Weltmaschine« bereits gescheitert. Der hypothetische Charakter jeder naturwissenschaftlichen Erkenntnis und die Aporien der Chaostheorien lassen auch von der Technik nichts Umfassendes erwarten. Die Naturwissenschaft erbeutet nur Weltfragmente. Sie verabschiedet ihre Wissenschaftlichkeit, wo sie ihre Teilerkenntnisse für das Ganze erklärt: weder die Materie, noch der Stoffwechsel und Hormonhaushalt, noch die Gene sind die Erklärung für alles und klären deshalb auch nicht alles.

Wer nur einen Hammer hat und immer nur mit ihm umgeht, denkt auf Dauer, alles andere sei ein Nagel (Gleiches gilt natürlich auch für die Präsenz der Marktlogik. Wer immer nur in den Kategorien der Geldwirtschaft denkt, lässt jeden Wert zum Optionsgeschäft unter dem Leitwort *return on investment* verkommen). Wissenschaftlicher Fortschritt geschieht wesentlich durch den Ausschluss des Blicks auf das Gesamte, dafür steht das Labor. Das Verhältnis zwischen technischer Lösung und Problemzuwachs ist jedoch exponential. Atomenergie, Klimaveränderung und die Gentechnik zeigen dies. Gewonnen wird unter großen Verlusten und Risiken.

Damit der Mensch als Geschöpf seine intellektuelle Überlegenheit sinnvoll brauchen kann, bedarf er der Ehrfurcht, die ihm sein Maß auferlegt. Ihre Voraussetzung ist die Einsicht in die Grenze rationaler Erkenntnismöglichkeit und in die Wirklichkeit mitmenschlichen und außermenschlichen Seins. Hier ist ein wichtiger Ort der Vermittlung christlicher Spiritualität. Der Anblick des Verhängnisses, in das der Mensch mit seiner Welt durch eigenes Verschulden zu stürzen droht, könnte zur Besinnung zwingen und nun die ganz unentbehrliche Ehrfurcht vor all dem wecken, was nicht herstellbar und zugleich im höchsten Maße gefährdet ist. In diesen nüchternen Blick müssten wir uns gerade als Christen einüben, um dem Sog einer »Ethik«, die aus einem naiven Glauben an eine wirtschaftliche Wachstumsideologie hervorgeht, zu entkommen!

Was an der Zeit ist

Es ist an der Zeit, unser Tempo abzubremsen, damit sich unser Blick weitet. Es ist an der Zeit, die Verletzlichkeit des Lebens auszuhalten. Es ist an der Zeit, wieder zu verspüren, wie das eine das andere berührt, wie alles miteinander verwoben ist. Es ist an der Zeit, uns Zeit zu lassen für das Schweigen, damit die Worte ihr Gewicht behalten und nicht durch Geschwätz verwässern. Es ist an der Zeit, dem selbsterwirkten Verhängnis der Menschen nüchtern ins Auge zu sehen, ohne Ideologie und Krampf. Es ist an der Zeit, sich aus dem Mittelpunkt der Welt herauszunehmen, und so eine wahrhaft kopernikanische Wende zu vollziehen. Es ist Zeit für den Schritt zurück, damit der Andere wieder vorkommen kann. Es ist Zeit für die Demut, für die Fähigkeit des Menschen, auch zum geringsten Lebewesen emporschauen zu können. Es ist Zeit, nicht nur die Welt als Faktum, sondern als Geheimnis anzusehen. Es ist Zeit, sich vom Heiligen Geist, der in allem Leben schafft und den Kosmos erfüllt, ergreifen zu lassen. Es ist Zeit, nach Gott zu suchen.

Worauf es ankommt

Spiritualität ist die Kunst im Alltag mit Gott zu leben, so hat man gesagt. Dieses Leben erfordert in geldgeschäftigen Zeiten ein bewusstes Ausrichten auf die Gegenwart Gottes. Spiritualität hängt massiv zusammen mit unserer Gottesvorstellung. Gott oder Götze, das steht in unserem Leben immer wieder zur Debatte. Die Neuentdeckung der Langsamkeit, das tägliche Unterbrechen des Zeitstromes, eben die Heiligung der Zeit aus dem Geist des Sabbats beziehungsweise Sonntags ist die vordringlichste Aufgabe. (Vgl. dazu das folgende Kapitel.)

Die Freiheit von der angestrengten Diesseitigkeit und gesellschaftlichen Unmittelbarkeit ist wieder zu gewinnen – in der christlichen Hoffnung auf die Ruhe Gottes, die seine vollendete Schöpfung erfüllen wird. Erst der richtige Umgang mit dem modernen Verflüssigungsmittel Zeit schafft Gottvertrauen. Aus ihm ergibt sich der Schritt zurück, um sich wieder bewusst im Ganzen, im vom Heiligen Geist durchwirkten Kosmos, eingefügt zu erfahren in der Haltung der Ehrfurcht. Ehrfurcht ist die Antwort auf die Herausforderungen eines totalitären marktorientierten Funktionalismus, Ausdruck christlichen Widerstandes. Auf das Zeugnis der Christen warten viele Menschen guten Willens.

Konkrete Schritte zur Ehrfurcht

• Prüfe, ob du überhaupt ein geistliches Leben führen willst.

• Ordne dein Leben. Müllhalden verpesten das Grundwasser.

• Versuche nicht an allen Fronten zu kämpfen, sei bescheiden, in der Schrittwahl aber entschieden.

• Halte tägliche Zeiten der Stille, mindestens 15 Minuten. Wundere dich nicht, wenn es dir am Anfang sauer wird. Wer viel Zeit hat, braucht weniger Stille, wer gar keine hat, hat sie am nötigsten!

- Sorge für geistliche Bewusstseinbildung, für gute Literatur, nimm einen bewährten geistlichen Autor zur Hand. Ideal ist die tägliche Schriftlesung. Es gibt gute Anleitungen.

- Scheue dich nicht, Rat zu holen bei einem geistlich erfahrenen Menschen.

- Übe dich ein in die Bedürfnislosigkeit. Weniger ist mehr! Lerne empfangen und schenken!

- Weiche dem Schmerz in Deinem Leben nicht aus – er kann in die Tiefe führen.

- Entwickle ein Gespür für die Verletzlichkeit des Lebens im Reden und im Handeln.

- Kontrollfaktor deines geistlichen Lebens ist der Nächste. So wie du zu ihm stehst, stehst du zu Gott, auch wenn Gott immer zu dir steht.

5
Die Kunst der Ruhe

Die jüdisch-christliche Gottesfrage entscheidet sich am Aufsprengen aller menschlichen Nützlichkeitskalküle. Der Kern des christlichen Glaubens besteht in einer zweifachen Behauptung: in der Behauptung des Unbegreiflichen, Unverfügbaren, des Geheimnisses und in der Behauptung, dass dieses die Geschichte und damit die Wirklichkeit tangiert, ja diese blutige Geschichte von sich selber befreit. Christlicher Glaube ist nicht so sehr ein integrativer und komplementärer Faktor, der das Leben rund und schön macht im Sinne einer Wellness-Veranstaltung, sondern ein Faktor, der das Unverfügbare und damit das noch Ausstehende, das Verdrängte und Verletzte stark macht.

Dafür steht in besonderer Weise der Sabbat im Judentum und der Sonntag, der »Tag des Herrn«, im Christentum. Er ist das Glaubenszeichen, oder anders gesagt, das

Zeitzeichen Gottes um den Mensch seiner Funktionalisierung zu entheben, das heißt seine Götzen zu zertrümmern. Die Heiligung der Zeit durch die Unterbrechung der alltäglichen Zeitläufe wieder fester in den Blick zu nehmen, könnte uns dem Sog eines überall gegenwärtig durchökonomisierten Lebens entziehen und wieder Ehrfurcht vor dem Leben erzeugen. Diese zwei Elemente: Sabbat/Sonntag und das Erlernen der Ehrfurcht könnten eine kleine Anleitung zum christlichen Widerstand in geldgeschäftigen Zeiten sein.

Entscheidend wird dabei jedoch sein – in Anlehnung an einen Lehrsatz einer asiatischen Kampfsportart:»Nicht der Sieg über irgendeinen ›Gegner‹ ist das Ziel, sondern der ›Sieg‹ über sich selbst«. Das will heißen: Die erste Person, die sich gegen den Trend der Zeit entscheiden muss, bin ich! Der erste Ort, an dem Gott in unserer Zeit wirken will, bin ich selbst, ist meine Bekehrung, meine Offenheit aufs Unendliche hin, meine Wachsamkeit und Fühlsamkeit für das Ganze des Seins; meine Demut des Denkens, die bereit ist, sich einer Wahrheit zu beugen, vor der wir nicht Verbraucher, nicht Tauschhändler, nicht Richter, sondern Bettler sind. Solche Offenheit verlangt aufmerksame Selbstkritik, sie schenkt aber Weisheit.

Christliches Leben will nicht Wissen mehren, sondern Weisheit schenken, die aus dem Glauben an die Gegenwart Gottes in der Zeit wächst. Sie ist das Zeichen einer tiefen Überwindung des Nutzenkalküls. Vollkommenheit ist nicht so sehr Ergebnis eines Tuns, sondern eines Lassens. Jesus antwortet dem jungen Mann auf die Frage»Was muss ich tun?« mit»Du musst lassen, verlassen: alles« (vgl. Markus 10,17-21). Es ist wahr:»Wasch das Geld aus deinem Denken (das ist schwerer, als du vermutest).« Die Heili-

gung der Zeit und die Ehrfurcht vor allem was lebt, kann
uns dazu verhelfen.

Der Sabbat – die Heiligkeit der Zeit

»Die Lösung des schwierigsten Problems der Menschheit
liegt nicht im Verzicht auf technische Zivilisation, sondern
im Erreichen einer gewissen Unabhängigkeit von ihr«,
schrieb der jüdische Rabbiner Abraham Joshua Heschel in
seinem Buch »Der Sabbat« und er sieht die einzige Hoffnung in der Heiligung der Zeit.[47]

In der Bibel werden die einzelnen Worte mit außeror-
dentlicher Sorgfalt gesetzt, vor allem solche, die wie Feu-
ersäulen den Weg im weit ausgedehnten System der biblischen Bedeutungswelt weisen.

Eines der bedeutendsten Wörter in der Bibel ist das
Wort *qadosch*, »heilig«, dies Wort ist mehr als alle ande-
ren ein Zeichen für das Geheimnis und die Majestät des
Göttlichen. Nun, was war der erste heilige Gegenstand der
Weltgeschichte? War es ein Berg? Ein Altar? Es ist eine
einzigartige Gelegenheit, bei der das bedeutsame Wort
»heilig« zum ersten Mal gebraucht wird: Im Buch Genesis am Ende der Schöpfungsgeschichte wird es auf die
Zeit angewendet: »Und Gott segnete den siebenten Tag
und machte ihn heilig.« Im Schöpfungsbericht wird kein
Gegenstand im Raum erwähnt, dem der Charakter der
Heiligkeit zukäme. Auch in den Zehn Geboten (Exodus
20,8.11) wird das Wort »heilig« nur in Zusammenhang mit
einem gebracht: dem Sabbat.

Das ist eine radikale Abkehr von den herkömmlichen
religiösen Vorstellungen. Mythisches Denken würde er-

warten, dass nach der Erschaffung von Himmel und Erde Gott einen heiligen Ort schaffen würde, einen heiligen Berg oder eine heilige Quelle, wo dann ein Heiligtum errichtet werden soll. Jedoch kommt in der Bibel offenbar die Heiligkeit der Zeit, der Sabbat, an erster Stelle. Als die Geschichte begann, gab es nur eine Heiligkeit in der Welt, die Heiligkeit der Zeit. Als am Sinai das Wort Gottes gesprochen werden sollte, wurde die Heiligkeit im Menschen verkündet: »Ihr sollt Mir ein heiliges Volk sein«. Erst nachdem das Volk der Versuchung erlegen war, ein Ding, das Goldene Kalb, zu verehren, wurde die Errichtung der Stiftshütte, die Heiligkeit eines Ortes befohlen. »Zuerst kam die Heiligung der Zeit, dann die Heiligung des Menschen und zuletzt die Heiligung des Raumes« (Abraham Joshua Heschel).

Das Judentum und das Christentum sind eine Religion der Zeit, die auf die Heiligung der Zeit abzielt. Der Angriff auf die Zeit ist der Angriff auf das Heiligste des Judentums und Christentums. Und er ist der Angriff auf die Schöpfung selbst. Es gibt einen inneren Zusammenhang von Transzendenzverlust und Beschleunigung.

Alle Dinge hat Gott im Dual geschaffen, betont eine alte jüdische Weisheit: Tag und Nacht, Himmel und Erde, Licht und Finsternis, Mann und Frau und anderes mehr, nur der Sabbat steht einsam da. Am Sabbat wird kein Lebewesen, sondern eine Zeit gesegnet: der siebte Tag. Er ist ein ungerader Tag, weil er auf das ganze »Sechstagewerk« bezogen ist. Die Segnung dieses siebten Tages macht ihn zum Segen aller Schöpfungstage.[48] Aber der Sabbatsegen kommt aus keinem Tun Gottes, sondern seinem Da-Sein. Die Segnung des Sabbats unterscheidet sich von der Segnung der geschaffenen Lebewesen dadurch, dass Gott ihn durch seine Ruhe, nicht durch seine Tätigkeit segnet. Das Verb *schabbat* bedeutet ruhen, es wird auch mit »ganz sein« übersetzt. Der Sabbat ist für das Judentum ein Synonym für die Einwohnung *(Schechina)*, die Gegenwart Gottes in seiner Schöpfung.[49] »Die Schöpfung kann als Gottes Werkoffenbarung angesehen werden, doch erst der Sabbat ist Gottes Selbstoffenbarung ... Der Sabbat ist kein Schöpfungstag, sondern der ›Tag des Herrn‹.«[50] Alle Geschöpfe kommen in der Ruhe Gottes zu ihrer Ruhe, denn sie finden in der ruhenden und darin unmittelbaren Präsenz Gottes ihren tragenden Grund und ihren Segen. Diesen Segen Gottes, der der ganzen Schöpfung gilt und allen Dingen in ihr Bestand gibt, erfährt Israel durch die Feier des »siebten Tages«. Die Erde ist nicht um des Menschen willen geschaffen, nach jüdisch-christlicher Tradition hat Gott die Welt um seiner Herrlichkeit willen geschaffen.[51] Theologisch gesprochen liegt der Sinn des Menschen zusammen mit dem aller Dinge in Gott selbst, in seinem Lobpreis. In seiner Ruhe, seiner Präsenz finden sie ihre Ruhe, ihre Vollendung.

Der Sabbat ist deshalb kein Mittel zum Zweck, keine Atempause, um sich wieder zuzurüsten für die kommende Arbeit. Der Sabbat ist ein Tag für das Leben. Der Mensch ist kein Lasttier, und der Sabbat dient nicht dem Zweck, seine Arbeit erfolgreich zu machen. Als »letzter der Schöpfung, aber erster dem Plan nach« ist der Sabbat das Ziel der Erschaffung von Himmel und Erde. Der Sabbat ist nicht um der Wochentage willen da; die Wochentage sind um des Sabbat willen da. Er ist kein Intermezzo, sondern Höhepunkt des Lebens.

»Während die Götter des Polytheismus allesamt Verlängerungen menschlicher Interessen und Zwecke sind, ist der

Tag des anderen Gottes (des Gottes Israels, d. Vf.), ein Tag ohne Zwecke ... Der Tag des Herrn ist der Tag, an dem der Mensch auf die normale selbstfabrizierte Sinngebung verzichtet. Der Sabbat ist die Installation von Offenheit.«[52] Das hebräische Wort für »Ruhe«, *menucha*, bedeutet mehr als die Unterbrechung und das Freisein von anstrengender Arbeit. Es ist überhaupt kein Gegen-Begriff, sondern meint etwas In-sich-Positives. Heschel (mit Verweis auf Deuteronomium 12,9; 1 Könige 8,56; Psalm 95,11; Rut 1,19): »Für den Menschen bedeutet menucha dasselbe wie Glück und Stille, Friede und Harmonie. Es ist der Zustand, in dem es weder Kampf noch Streit gibt, weder Angst noch Misstrauen. Das Wesen eines guten Lebens ist menucha!«[53]

Jesus bezieht sich auf diese Sicht, wenn er ausruft: »Kommt alle zu mir, die ihr mühselig und beladen seid; ich will euch Ruhe verschaffen« (Matthäus 11,28). Hier spricht der Herr des Sabbats, in der Fülle der Zeit.

Die Heiligung der Zeit heißt eingehen in die Sabbat-Ruhe Gottes!

Der Mensch nimmt in der Schöpfungsordnung zwar eine Sonderstellung ein, doch steht er zusammen mit allen irdischen und himmlischen Geschöpfen in dem gemeinsamen Lobpreis auf die göttliche Herrlichkeit. Die Sabbatruhe öffnet die Schöpfung für ihre wahre Zukunft, am Sabbat wird die Erlösung der Welt vorweggefeiert. So versteht der Hebräerbrief die Sabbatruhe Gottes als Vorausbild für das »Kommen seiner Ruhe« (vgl. Hebräer 4,9–10), wenn am Ende der Zeiten »alle Lande seiner Ehre voll sind« (Jesaja 6,3) und Gott »alles in allem« ist (1 Korinther 15,28).Diese Endzeit ist mit der Menschwerdung und Auferstehung Christi angebrochen, so dass jetzt schon etwas von dem ewigen »Sabbatfest« des Kosmos sichtbar wird. Dies bringt die altkirchliche Bezeichnung des christlichen Auferstehungsfestes als des »achten Tages« zum Ausdruck.

Der christliche Sonntag verweist auf den Sabbat Israels, öffnet jedoch zugleich den Ausblick auf jenen – jede Zählung übersteigenden – Tag der neuen Schöpfung, der nach christlicher Auffassung mit der Auferweckung Christi von den Toten beginnt. Der Sonntag basiert auf der engen Verflechtung von Schöpfung und Erlösung beziehungsweise Neuschöpfung. Die Feier des Sonntags lässt an der Neuschöpfung der Welt teilnehmen. Die Kirche zählt den achten Tag des christlichen Auferstehungsfestes zugleich als den »ersten Tag« der Woche und bezieht sich damit auf den Schöpfungsbeginn. Jede Woche beginnt mit der Vision der neuen Schöpfung und der Hoffnung auf das ewige Leben. Wie Tag und Nacht, Himmel und Erde, Licht und Finsternis, Mann und Frau, so erhält der Sabbat nun seine duale Ergänzung im Sonntag: Ruhe und Neuschöpfung sind aneinander bleibend verbunden.

Die Kunst der Ruhe

»Arbeit ist eine Fertigkeit, vollkommene Ruhe aber ist eine Kunst. Sie ist das Ergebnis eines Einklangs von Körper, Geist und Phantasie. Um einen Grad an Vollkommenheit in der Kunst zu erreichen, muss man sich ihrer Ordnung unterwerfen, muss man der Trägheit abschwören«

(Abraham Joshua Heschel).[54] Es liegt viel daran, ob wir uns in der Kunst der Ruhe und ihrer Vermittlung auskennen, gerade im Hinblick auf die Gefährdung durch den marktgerechten Funktionalismus. Wir alle mögen Zeitmanagementkurse besucht haben, aber wissen wir auch etwas über Sammlung, Meditation und Kontemplation zu sagen und zwar aus eigener Erfahrung? Im Bemühen um die Einübung von Schweigen, Einsamkeit, in geistiger Ordnung, Konzentration und Askese geht es letztlich darum, die lebendige, geistige Mitte und den Selbstand zu gewinnen im Fluss der Zeit. »Immerzu will der Mensch – der heutige ganz besonders zu Anderen gehen, reden, hören, mitmachen«, bemerkt Romano Guardini schon in den 50er Jahren. »Bis zur Sucht will er das, und wenn er es nicht hat, wird er unruhig und es treibt ihn hinaus. Wer erkannt hat, welch kostbares Gut es ist, gesammelt zu sein, muss das überwinden – sagen wir bescheidener: immer mehr zu überwinden suchen. Es ist wirklich eine Sucht; und Süchte zu überwinden, ist schwer, weil da der Drang in die Nerven gegangen ist. Es dauert lange, bis er nachlässt, aber er kann ins Maß gebracht werden.«[55]

Hélder Câmara – ein Beispiel

Seit seiner Seminarzeit hatte Hélder Câmara die Gewohnheit, früh gegen zwei Uhr aufzustehen und auf die Stille zu lauschen und zu meditieren. »Ich stelle mir den Wecker, und ich bin dann schon sehr müde. Aber gerade in dieser Zeit stelle ich die Einheit wieder her. Während des Tages habe ich mich in jeder Hinsicht ausgegeben: Ein Arm wird nach hier gezogen, der andere hat sich nach dorthin gestreckt, ein Bein ist nach der einen Seite gegangen, das andere nach der anderen. Man muss die Einheit wiederherstellen.«[56] Zu dieser Zeit betet er sein Brevier, oder er schreibt seine kleinen alltagsnahen Meditationen. Daraus ein Beispiel:

Wenn Du mir nicht die Gnade geschenkt hättest,
während der Nachtwachen
die Stille zu trinken,
darin einzutauchen,
mich ganz von ihr durchdringen zu lassen,
wie könnte ich jene innere Stille bewahren,
ohne die man weder die Menschen hören kann
noch Dich, o Herr!?

Hélder Câmara[57]

Die Präsenz Gottes im geschlagenen Leben immer wieder zu artikulieren ist zentral in seiner Mystik der Befreiung. Der Karren des Milchmanns und der arme Bettler, die schwangere Frau, der Zeitungsverkäufer und der Straßenverkehr – sie alle sprechen von Gott, aber auch ein Stück Holz, ein Zuckerrohr, ein altes Auto. »Alles, gar alles, spricht mir, dank Dir, von Dir.«

Die Heiligung der Zeit lässt uns die Welt anders sehen, ihre alltäglichste Form ist die Achtsamkeit beziehungsweise Aufmerksamkeit.[58] Sie ist eine Art Einwurzelung im Hier und Jetzt, es ist eine durch bewusstes Atmen und Meditation geübte Fähigkeit, da zu sein. »Es gibt zwei Arten, das Geschirr zu spülen, um sauberes Geschirr zu haben, und die zweite ist, das Geschirr zu spülen, um das Geschirr zu spülen.«

»I am, what I do« (C. S. Lewis)[59] meint nicht: »Ich bestimme mich durch mein Tun«, auch nicht: »Mein Tun ist durch mein Sein bestimmt«, sondern das Ineinsfallen von Freiheit und Notwendigkeit. Den Weg »wählen« und »erwählt werden« sind dasselbe, und in dem Satz »Ich bin, was ich tue« sammelt sich diese Erfahrung. »Das Wunder ist nicht, auf dem Wasser zu wandeln, sondern auf der Erde zu gehen.« (Thich Nhat Hanh). Die Entschleunigung als Heiligung der Zeit schafft den lebendigen Gegenpol zum Betrieb unserer Gesellschaft. Stille und Schweigen und Einsamkeit gehören unhintergehbar zu ihr. Mit dem Begriff der Achtsamkeit als alltäglichste Form ist auch eine lebendige Beziehung zur Haltung der Ehrfurcht geknüpft. Sie wurzelt in der Heiligung der Zeit und erwächst aus der Kunst des Ruhens.

Einweisung in die Kunst der Ruhe

- Am Anfang zählt die Redlichkeit, die täglich undramatisch hinschaut: Wie war das heute? Habe ich mich selbst im Besitz gehabt? Oder war ich nur gehetzt? Ist mein Leben vielleicht so, dass ich gar nicht zu mir kommen kann? Und was muss darin anders werden? Und das im Ernst; nicht mit der unehrlichen Resignation, die aufgibt, weil sie es im Grunde nicht anders haben will.

- Dann, und vor allem: Gottes Angesicht suchen. Verwirklichen, was die Gegenwahrheit meines Daseins ist: Gott ist der Ewig-Seiende, der allein aus sich Lebendige. Er ist hier. Er ist »Der, der da ist«. Ich aber bin durch Ihn; bin hier vor Ihm; bin ich selbst nur, weil Er mich will ... Dieses »Er und ich ... ich vor Ihm ... ich durch Ihn«; dieses Lauschen auf sein Wort, dieses Suchen und Sprechen »Du, Gott« – das macht das Innere lebendig und fest.

- Der Sabbat, als auch der Sonntag, mahnt uns, wie zentral die Heiligung der Zeit ist. Sie geht der Heiligung/ Heilung des Menschen voran und geht so über auf die Welt. So traditionelle Gebetsformen wie das Stundengebet, der Engel des Herrn, die tägliche Eucharistiefeier, die tägliche Stille besitzen in einer Beschleunigungsgesellschaft höchste Aktualität. Solche Formen wieder zu fördern und einzuüben ist ein großer Dienst an unserer Zeit.

- Ohne Rhythmus, Disziplin und Wiederholung gibt es keine Heiligung der Zeit. »Unterbrechung ist die kürzeste Definition für Religion« (Johann Baptist Metz). Eine Unterbrechungskultur haben wir selbst verstärkt einzuüben. Sie soll zu einer neuen Innerlichkeit führen.

- Eine solche Kunst der Ruhe und Sammlung ist das Gegengewicht gegen die Masse der Dinge, die Flut an Information, die Menge der Menschen und das Getriebe und Gerede, gegen Öffentlichkeit, Mode und Reklame. Die modernen, rationalisierten, technisierten Gesellschaften stehen immer in Gefahr, zur uniformen Massengesellschaft zu werden. Die Ökonomie braucht einen ichlosen, innerlichkeitslosen Menschen, einen Menschen dem die Ruhe Gottes fremd ist.

- Rechtverstandene Innerlichkeit ist die Frucht der Heiligung der Zeit. Sie ist Widerstand aus letzten Bezügen, aus der Gottesbeziehung. Sie ist eine Mystik, die zum Widerstand wird. Sie verlangt jedoch immer wieder den Mut zur Stille.

6
Der Mut zur Stille

Der gegenwärtige Mensch ist eine einzige Übertreibung. Er wuchert. Er greift in alle Richtungen. Er gibt das Äußerste und erreicht doch nicht das Innerste. Nicht nur der modern-übertriebene Lebensstil der Reizüberflutung und des Infosmogs verursacht dies. Ebenso die gesellschaftliche Grundausrichtung, die die Sinnfindung für Fortschritt und Wachstum opfert, fordert und befördert die zunehmende Orientierungslosigkeit. Steigende Anforderungen der multimedialen Beschleunigungsgesellschaft führen zu krankmachenden Dauerbelastungen. Chronische Überspannungen sind an der Tagesordnung. Unser Leben ist oft wie ein voll gestopfter Koffer, der aus den Nähten zu platzen droht.

Äußerlich wächst der Aktionsraum des Menschen, doch innerlich scheint er zu schrumpfen. Er weiß mit sich nichts

mehr so recht anzufangen. Er entgleitet sich in den zahlreichen Optionen. Es gibt für ihn keine sammelnde Mitte
mehr, alles zerfließt im Vielen und Amorphen. Die Flieh-
kräfte lassen im Inneren eine Leere entstehen, das »innere
Ausland«, zu dem immer weniger einen lebendigen Kontakt haben.

Das flüchtige Ich

In einem kleinen Gedicht des Schriftstellers Thomas Brasch
drückt sich ein weit verbreitetes Lebensgefühl aus:

> Was ich habe, will ich nicht verlieren, aber
> wo ich bin, will ich nicht bleiben, aber
> die ich liebe, will ich nicht verlassen, aber
> die ich kenne, will ich nicht mehr sehen, aber
> wo ich lebe, da will ich nicht sterben, aber
> wo ich sterbe, da will ich nicht hin:
> Bleiben will ich, wo ich nie gewesen bin.

Thomas Brasch[60]

Aus diesem Gedicht sprechen: Verlustangst, Bindungs-
angst, Überdruss, schwache Belastbarkeit, Nichtbleiben-
können und Nichtaushaltenkönnen. Das Subjekt ich ist der
ständige Dreh- und Angelpunkt in einem Leben mit vielen
Aber.

Das jedoch mündet in den paradoxen Satz: »Bleiben will
ich, wo ich nie gewesen bin.« Darin zeigt sich eine Suche
nach Halt in einer Ungeborgenheit, der man entfliehen
will und in der man doch zugleich bleiben will.

Der Mensch ist ein verunsicherter Pilger ohne Ziel geworden. Im Wirtschafts- und Soziologendeutsch: Er ist flexibel, mobil und global. Er sucht und jagt. Er übertreibt. Es fehlt die Mitte. Sie kann er nicht finden. Sie will er möglicherweise gar nicht finden!

Hat es der abgründige Seher-Philosoph Friedrich Nietzsche in seinen »Unzeitgemässen Betrachtungen« nicht sehr genau auf den Punkt gebracht:

»Wir wissen es alle in einzelnen Augenblicken, wie die weitläufigsten Anstalten unseres Lebens nur gemacht werden, um vor unserer eigentlichen Aufgabe zu fliehen, wie wir gerne irgendwo unser Haupt verstecken möchten, als ob uns dort unser hundertäugiges Gewissen nicht erhaschen könnte, wie wir unser Herz an den Staat, den Geldgewinn, die Geselligkeit oder die Wissenschaft hastig wegschenken, bloß um es nicht mehr zu besitzen, wie wir selbst der schweren Tagesarbeit hitziger und besinnungsloser frönen, als nötig wäre um zu leben: weil jeder auf der Flucht vor sich selbst ist; allgemein auch das scheue Verbergen der Hast, weil man zufrieden scheinen will und die scharfsichtigeren Zuschauer über sein Elend täuschen möchte, allgemein das Bedürfnis nach neuen klingelnden Wort-Schellen, mit denen behängt das Leben etwas Lärmend-Festliches bekommen soll ... Es geht geisterhaft um uns zu, jeder Augenblick des Lebens will uns etwas sagen, aber wir wollen diese Geisterstimme nicht hören. Wir fürchten uns, wenn wir allein und stille sind, dass uns etwas in das Ohr geraunt werde, und so hassen wir die Stille und betäuben uns durch Geselligkeit.«[61]

Das Handy und das »soziale Dauergeräusch«

Jemand hat vom »sozialen Dauergeräusch« gesprochen, das wir uns zunehmend schaffen, um uns darüber hinwegzuschwindeln, dass wir uns nicht sehr viel zu sagen haben und verdammt einsam sind, ja innerlich leer. Ein *Horror vacui* – ein Schrecken vor der inneren Öde und Wüste bringt eine seltsame Hektik hervor. Der Handygebrauch spricht hier Bände. Es macht nicht sicherer und freier, wie viele meinen, sondern unsicherer und abhängiger. Zunehmend wächst das Bedürfnis, immer erreichbar zu sein und in immer kürzeren Abständen jemanden anzurufen: Es könnte ja etwas passiert sein. Man könnte einander vergessen. Wer nicht telefoniert, ist nicht. Wer kein Handy hat, ist im Abseits. In unserer Gesellschaft herrscht bereits eine Dauer-Zwangs-Kommunikation. Bernardin Schellenberger schreibt:[62]

»Vor kurzem fiel in der erzürnten Diskussion um eine geplante Einführung von Gebühren für SMS-Botschaften seitens einer Ministerin das Wort vom ›Grundrecht unserer heutigen Jugend auf diese Form der Kommunikation‹. Vielleicht wächst bereits eine Generation heran, die es gewöhnt ist, ja schon darauf konditioniert ist, bei der geringsten Unlustanwandlung angesichts kurzen Alleinseins zum Handy zu greifen und jemanden anzurufen oder eine SMS abzulesen oder zu verschicken. Damit würde die Fähigkeit, einmal eine längere Zeit allein zu sein und – vielleicht jenseits einer Schwelle der Unlust oder Angst – neue Dimensionen der Erfahrung zu erkunden, rapid schwinden. Es würden damit ganze Landschaften, ganze Provinzen der Seele des Menschen versinken.

Da eröffnet sich vielleicht in wenigen Jahren ein ganz

neuer Markt: Abenteuer- und Survivalkurse in ein- oder mehrtägigem Schweigen.

Martin Buber schrieb vor achtzig Jahren: ›Zeichen geschehen uns unablässig, Leben heißt angeredet werden, wir brauchen uns nur zu stellen, nur zu vernehmen. Aber das Wagnis ist uns zu gefährlich, die lautlosen Donner scheinen uns mit Vernichtung zu drohen, und wir vervollkommnen von Geschlecht zu Geschlecht den Schutzapparat.‹ Das war lange vor der Erfindung des Handys. Vermutlich würde Buber das Mobiltelefon als weitere Vervollkommnung dieses Schutzapparates gegen die ›lautlosen Donner‹ einschätzen, gegen Wahrnehmungen, die ungemein leise, aber umwerfend wie Donner sein können.«

»Statt bei sich zu sein und sich dort antreffen zu lassen, kann man, wo immer man ist, dank Handy immer gerade anderswo sein. Genau genommen ist man dann nirgendwo richtig und verliert die Beziehung zur Gegenwart und zum konkreten Gegenüber.

Im Park sehe ich immer wieder Paare, von denen ein Partner gerade ins Handy plaudert, oder neulich saßen in einem Straßencafé drei Leute an einem Tisch, und jeder hatte das Handy am Ohr. Wo waren die nun eigentlich?

Bei dieser Lebensart geht der Bezug zum tatsächlichen Leben verloren, und man gerät in die bereits genannte distanziert bleibende grenzenlose Neugier, organisiert da, wo man ist, immer gerade das, wo man sein möchte.«

Lebendiger Gegenpol Stille

Ohne Stille als lebendigen Gegenpol zu unserer Aktivität und Kommunikation verstummt das Leben. Ohne Schweigen verlieren die Worte an Gewicht, gibt es nur noch Wortgeklingel und Wortdurchfall. Ohne den Resonanzraum der Stille hat das Leben keinen Klang. Ohne die Stille quietscht der Mensch, er trifft nicht den richtigen Ton. Wir stehen unter der Diktatur der Nützlichkeit, der Zwecke, der Rationalität, der Wirtschaftlichkeit und des Gesundheitswahns. Der Mensch verliert die heilsamen Gegenkräfte gegen eine überall sich einnistende ökonomisch-funktionale Sicht des menschlichen Lebens, in der der Mensch überflüssig wird, wenn er nicht arbeitet, kauft, erlebt, genug weiß, die falschen Gene hat: die zu teuren Sterbenden, die (in neodarwinistischen Konzepten) störenden Behinderten, die Langzeitarbeitslosen, nicht zuletzt Kinder, welche das *Lifedesign* von Männern und Frauen zunehmend stören, weil sie mit der Optimierung maximalen leidfreien Glücks in knapper Zeit beschäftigt sind, sodass sie füreinander und für Kinder immer weniger (im energetischen Sinn) »übrig haben.« Zukunftsforscher rufen zu einer »neuen Nachdenklichkeit« auf und formulieren zehn kulturelle Gebote[63] für den geplagten Zeitgenossen:

Bleib nicht dauernd dran!
Schalte auch einmal ab!
Laufe nicht dem Trend hinterher!
Kaufe nur, was du wirklich brauchst!
Verwechsle Lebensstandard nicht mit Lebensqualität!
Tue nicht alles gleichzeitig!
Genieße in Maßen!
Versuche nie, alle deine Träume wahr zu machen!
Beachte bei allem die Auswirkung auf die kommende Generation!
Und schließlich: Es gibt nichts Gutes, außer man tut es!

Aber wo soll die »neue Nachdenklichkeit« herkommen, wenn es keine Unterbrechungen, kein Innehalten und keine Stille gibt? Um solche Not wendenden Gebote auszuführen, braucht es einen lebendigen Gegenpol der Sammlung, einen Weg vom Machen zum Sein, von der linear verlaufenden, messbaren und verrechenbaren Zeit zur Ewigkeit, es bedarf des Geschmacks der Unendlichkeit. Es braucht die Zuwendung zum Urgrund. Das alles aber ist der Weg der Stille. »Rückkehr zur Wurzel heißt Stille« (Laotse).

Balancekraft Stille

Stille ist die Kraft der Balance. Der Mensch ist das lebendige Balancegefüge. Er braucht nicht nur eine emotionale Balance, er benötigt sie auch körperlich sowie intellektuell und spirituell. Diese Balancefelder scheinen immer mehr aus dem Gefüge zu geraten.

Die Vernunft rationalisiert nur noch. Sie ist schnell geneigt, nur das Verstehbare für gültig zu erklären. Sie entwirft soziologische, evolutionstheoretische, philosophische oder ökonomische Glasperlenspiele und weiß doch nicht, was sie von der Freiheit des Menschen noch halten soll und darf. Sie wendet sich gegen ihren eigenen Ermöglichungsgrund. Die Vernunft weiß selber nicht mehr so recht, wohin sie sich richten soll. Sie diffundiert.

Achtet der Mensch im Gegenzug mehr auf seine Emotionen, dann entkommt er selten neuen Einseitigkeiten. Der Bauch, das Gefühl wird zum Seismograph gelungenen und misslingenden Lebens. »Wie fühlst du dich?« »Was macht das mit dir?« »Wie bist du denn drauf?« »Hauptsache, du fühlst dich dabei wohl!« Die Emotion wird zum Echo-lot des Lebens, obwohl die Töne nicht nur hell und klar sind: Aggressionen, Ängste, ozeanische Gefühle, Hass und Liebe tanzen hier ineinander. Wie weit reicht die oft be-schworene emotionale Intelligenz?

Sorgt der Mensch sich um seinen Körper als Basis von Geist und Psyche, dann wird plötzlich die Leibfürsorge zum Gesundheits- und Fitnesswahn. Ein neuer Körperkult hat sich entwickelt. Der Körperrausch im Gleichschritt des Joggers und in der Duschkabine des Fitnesscenters wird unter der Hand zur Letztbeglückung. Nicht Vernunft, nicht Emotion ergründen, sondern »vitales Jetztempfin-den« schiebt sich nach vorn. Aber was sagt der Körper im »gestählten Verschleiß« wirklich?

Längst wird parallel dazu eine neue Respiritualisierung in unserer Gesellschaft notiert. Nicht mehr das »Body-Buil-ding« der 80er und 90er, sondern »Body and Mind«, also Körper und Bewusstsein, sind die konsumentengerechten großen Wellness-Ziele. Auch hier soll alles im wohligen Bad des »Jetzt« versinken. Das »Jetzt« scheint die Zeitform der Gegenwart zu werden. Ethik und Moralität entste-hen aber erst dann, wenn Vergangenheit, Gegenwart und Zukunft gleichberechtigte Partner sind. Verantwortung entsteht im Menschen, wenn er die Gegenwart mit der Vergangenheit und Zukunft konfrontiert. Wer will heute schon Verantwortung?

Wem die Wellness-Wogen zu seicht sind, der wendet sich heute wieder zunehmend der »reinen« spirituellen Sicht des Menschen zu und gerät auch dort schnell aus der Balance. Oft genug klettert der spirituell suchende Mensch in esoterischgnostische Verstiegenheiten zum Bemächti-gungswahn des »Göttlichen« hinauf. Er sucht die perfekte, spirituelle, psychologische Technik, den großen Meister oder Coach, die einfache Heilslehre oder die »48 Gesetze der Macht«. Für was? Um Herr beziehungsweise Frau zu sein in allen Lagen? Um Erleuchtung und Erkenntnis zu finden? Oder die Einheit mit dem göttlichen Grund, mit allem und jedem?

Vielleicht, um endlich zu entkommen, ja, zu entschwinden. Raus aus all dem! Das Verschwinden, das esoterische Abtauchen im großen Lichtmeer, das Einsinken in den göttlichen Grund, das ist heute die alte und ewig neue große spirituelle Versuchung, so, wie Vogel Strauß seinen Kopf im Sand verschwinden lässt und uns nur noch den Hintern zeigt. Die aggressive und/oder selbstumkreisende Verbissenheit mancher spirituell, Geist und Leib trainierender Zeitgeist-Schüler spricht für sich.

Der Mensch wuchert in allen Richtungen, auch im Religiösen. Die großen gesellschaftlichen Koordinaten sowie ein allen gemeinsamer Sinnhorizont sind erloschen. Nicht jeder besitzt das Glück des Glaubens, dass Gott Ursprung und Ziel ist und der Mensch sich täglich neu aus seiner Hand empfängt.

Was soll er machen? Es bleibt nur das eigene Experiment, das tägliche *trial and error,* das Erproben, ob dies oder jenes es bringt. Die Stimmigkeit mit mir, die Authentizität wird beschworen, da kann man durchaus über manche Beziehungsleiche gehen. »Ich muss mir halt selbst treu bleiben«, auch wenn man dabei anderen untreu wird. Doch was stimmt da in mir? Welche Stimme höre ich?

Die Stille ist die Kraft der Balance, weil sie die Fähigkeit darstellt, sich auf dem eigenen Lebensgrund zu sammeln. Sie ist Integrationskraft für Emotion, Körper, Intellekt und Spiritualität. Sie bindet sie zurück in die eine Wurzel des

Menschen, aus der sie alle gemeinsam entspringen. Die Stille ist als Wurzelkraft identitätsstiftend. Viele wissen nicht mehr, wer sie sind, weil sie nicht mehr bei sich sind, weil sie nicht mehr in der Stille sind. Der Werbewirtschaft kann dieser aufgelöste Mensch nur recht sein. Wer die Stille sucht, pflegt das Sein gegenüber dem Machen. Stille ist der Kampf gegen den Druck der Nützlichkeit, gegen das resignierende Auskommen mit den Mächten, die den Alltag prägen. Stille ist das Wiedergewinnen von Grundhaltungen. Grundhaltungen leben von Grunderfahrungen, der Grund aber legt sich in der Stille frei. Viele meiden die Stille, weil sie erkennen müssten, dass sie auf keinem festen Fundament stehen, denn die Stille ist illusionsfeindlich.

Stille, mehr als Psychohygiene

Doch das Alleinsein und die Stille sind kein einfacher Aufenthaltsort, seit wir so unsicher und ängstlich geworden sind, dass wir von allem, was sofortige Befriedigung verspricht, angezogen und beherrscht werden. Die Unruhe steckt uns unter der Haut, selbst im Kloster. In vielem sind wir Suchtkandidaten geworden. Wir können scheinbar nicht mehr ohne ...

Jedoch ohne das Wagnis des Alleinseins, ja auch der Einsamkeit werden wir diese tragende Mitte nicht berühren. Die Folgen sind fatal. Wir bezahlen sie mit Identitätsverlust. Dies gilt nicht nur aus psychohygienischen Gründen. Wer kommt aus ohne die Zeiten der physischen Ruhe, der Stille und des Schweigens in der Unruhe und dem Lärm des Alltags, in dem Netz von Erwartungen und

Ansprüchen, das andere und ich selber über mich werfen? Wer kann sich sonst zurechtfinden in den Sorgen und im Übermaß der Tätigkeit, in dem Geflecht von Pflichten und eigenen Wünschen, in den Grenzen von Konventionen und persönlichen Erfahrungen? Ein Leben ohne inneren Resonanzraum brennt aus. Erst werden wir herzlos, dann werden wir kopflos, und dann gehen die Hände ins Leere los.

Stille, der Ort der Versuchung und Entscheidung

Es geht jedoch um mehr als um Psychohygiene. Die Stille braucht es, um die Dämonie des falschen Lebens zu brechen. Jesus hat uns selbst den Weg gewiesen. Er hat das lebensnotwendige Gesetz aktiver Distanz befolgt und immer wieder Zeiten gefunden, da er sich von allem und von allen zurückzog, um die Nähe und Gemeinschaft mit dem Vater zu suchen. Bei Lukas heißt es von Jesus: »Große Volksscharen kamen, um ihn zu hören und von ihren Krankheiten geheilt zu werden. Er aber zog sich in die Einsamkeit zurück und betete« (Lukas 5,15b.16). Bei Markus: »In der Frühe, als es noch dunkel war, erhob sich Jesus, begab sich an einen einsamen Ort und betete« (Markus 1,35). Alle Evangelien sind durchzogen von dieser ständigen Gegenbewegung Jesu. Sein Leben und Wirken sind nur aus der tiefen Verbundenheit mit dem Vater heraus zu verstehen.

Christen gehen nicht »nur« (natürlich auch!) in die Stille, um einfach aufzutanken, um wieder klar zu sehen, sondern um in Hörbereitschaft gegenüber dem zu sein, der in uns leben will. Denn was sollte uns in der Stille denn begegnen? Die Stille ist als solche ein Ort der Entscheidung und Versuchung. Das macht Jesu vierzigtägiger Aufenthalt in der Wüste deutlich. Die Ödnis, die Stille der Wüste ist für die Bibel ein Ort besonderer Gottesnähe und Ort besonderer Gottferne, der Teufel führt dort den Menschen in Versuchung, das heißt von Gott weg. Wer in die Wüste geht, erzeugt in der Seele eine Leere an sinnlichen Erfahrungen, an äußeren Ablenkungen und Tröstungen, an jeglicher weltlicher Erfüllung. Diese Leere öffnet einen Raum, in dem der Geist und der Teufel – wir nennen ihn auch den Abergeist – wirken. Wer einmal Schweigeexerzitien gemacht hat, ahnt, was hier gemeint ist.

Die dreifache Grundversuchung in der Stille

Wer in die Stille geht, erfährt zunächst nichts. Vielleicht fühlt er sich zunächst berechtigterweise wohl, die vielen Verpflichtungen und Dinge hinter sich zu lassen. Langfristig spürt er nur die Leere selbst, also innere Dürre, Trockenheit, Unruhe. Er versteht nichts mehr, auch nicht den Sinn dieser Leere. Denn erst wenn man auf sinnliche Befriedigung verzichtet, merkt man, wie leer man ohne sie bleibt. In der Wüste beziehungsweise Stille beschäftigen uns tausend Gedanken und Phantasien, ausdauernd belagern sie uns und lenken uns vom Eigentlichen ab. Dies sind die Dämonen, von denen die Bibel, die Wüstenväter und die spirituellen Meister sprechen.

Mit was für »dämonischen Besuchern« haben wir in der Stille zu rechnen? Jesu dreifache Versuchung in der Wüste weist uns auf drei immer wiederkehrende Grundversuchungen in der Stille hin, mit denen wir in einem lebenslangen Kampf sind.[64]

Die Versuchung der Gier

An erster Stelle wird die Brotversuchung genannt:»Befiehl diesem Stein, zu Brot zu werden« (Lukas 4,3). Das Brot steht für alles Sinnliche und Begehrenswerte, für das Haben- und Genießen-Wollen, für das Triebhafte und die Gier, für die Sexualität. Natürlich sind diese menschlichen Kräfte nicht in sich böse, ganz im Gegenteil! Wenn sie aber dazu dienen, die innere Leere zuzudecken oder einzige Nahrung zu sein, sind sie Dämonen, die den Geist Gottes hindern. Jesus weist sie kraftvoll zurück, indem er auf jene andere Nahrung verweist, die er in der Wüste sucht, die des Geistes. Die Stille wird uns immer mit den gelebten und ungelebten Sehnsüchten in Verbindung bringen. Die Stille verlangt von uns Entscheidungen und Unterscheidungen, wo und wie unsere Sehnsucht gestillt wird.

Die Versuchung der Macht

An zweiter Stelle kommt die Machtversuchung: Alle Reiche zu besitzen, über andere zu bestimmen, ist eine Grundversuchung des Menschen.»Dir will ich alle diese Macht und ihre Herrlichkeit geben« (Lukas 4,6). Wir wollen die Fäden in der Hand halten, unseren Einfluss sichern. Wir wollen unser Leben»händeln«. In der Stille kommen diese Machtbilder deutlich zum Vorschein. Hier blicken wir auch der Angst ins Auge, unsere oft eingebildete Macht und Geltung wieder zu verlieren. In der Stille kommen uns die anderen – unser Geltungsraum –, mit denen wir täglich leben,»hoch«. Manchmal im sehr wörtlichen Sinn.

Es kommen uns die gelebten und ungelebten Beziehungen in den Blick. Mancher Groll, die kalte Wut der Beziehungen kann uns dort erfüllen. Macht und Ohnmacht sehen uns an. Die Macht ist nichts Böses. Zum Guten gebraucht ist sie ein Segen, aber zu egoistischen Zwecken missbraucht, ist sie ein gefährliches Potential. Sie verleiht Lust und Allmachtsgefühle, die den Menschen nicht zustehen, denn allein Gott ist allmächtig. Sie verschließt uns vor Gott, denn wir halten uns selbst für mächtig, groß und wichtig und brauchen Gott nicht mehr. Andere Menschen müssen sich vor uns »niederwerfen«, und wir werden stolz. Die Stille ist ein Ort der Entscheidung und Unterscheidung, wie wir mit unserer Macht und unseren Beziehungen umgehen. Jesu Antwort ist eindeutig: Gott allein ist mächtig. Nur in der bedingungslosen Anerkennung der Macht Gottes lebt der Mensch in rechter Weise seine geschöpfliche Begrenztheit. Vor ihm »gelten« wir, und so können wir andere »gelten« lassen. So ist Gott der Ort unserer Versöhnung.

Die Versuchung des Hochmuts
Als drittes versucht es der Teufel mit der Versuchung zum Hochmut. »Wenn du Gottes Sohn bist, stürz dich von hier hinunter ... Auf den Händen werden sie (die Engel) dich tragen« (Lukas 4,9–10). Der Hochmütige meint, die Engel – die göttliche Wirklichkeit – als Dienstpersonal im Griff zu haben und mit den natürlichen Gegebenheiten brechen zu können. Er kann sich alles erlauben. Der Hochmut ist vor allem die Urversuchung der geistlich Suchenden, der spirituell Interessierten. Wer auf seinem geistlichen Weg Fortschritte gemacht hat, regelmäßig in die Stille geht, der ist anfällig, auf andere herabzuschauen. Die gefährlichsten Versuchungen kommen immer aus dem geistigen Bereich, nicht aus dem leiblichen.
Der geistlich Hochmütige meint, er könne dem Alltag

entkommen, gleichsam geistlich darüber hinwegfliegen. Er glaubt mit seinen Füßen an keinen Stein mehr stoßen zu müssen. Er respektiert seine natürlichen Grenzen nicht mehr. Er hält sich »Engel gleich«, obwohl er nie seinem bedürftigen Menschsein entkommen kann. Jesus hält das für einen fatalen Irrtum. Er nimmt die Grenzen des Menschseins an! Am Kreuz wird es offenbar: Jesus sagt Ja zu seinem Tod als Mensch. Kein Engel wird ihn davor bewahren. Er bewahrt sein Leben allein im Vertrauen auf Gott den Vater.

Die Stille konfrontiert uns mit unseren übersteigerten Selbstbildern. Wir müssen uns entscheiden, ob wir unsere Grenzen akzeptieren oder weiterhin ignorieren wollen.

Stille, Schmelzofen der Verwandlung[65]

Sagen wir es deutlich: Die Stille ist nicht selbst das Ziel. Sie ist Weg der Läuterung und der Ort der Entscheidung. Und vielleicht meiden wir sie deshalb so sehr. In ihr bekommen wir es mit den drei Grundversuchungen des Menschen immer wieder zu tun, die Jesus beispielhaft für uns in der Wüste bestanden hat: das Haben-Wollen, das Gelten-Wollen und das Sein-Wollen. All das kommt in ihr immer wieder »hoch«. Alleinsein und Stille sind der Schmelzofen der Verwandlung. Die Stille ist der Ort des großen Kampfes und der großen Begegnung gegen die Zwänge des falschen Ichs, der Einflüsterung: »Du bist dein Ansehen.« »Du bist deine Leistungen.« »Du bist deine Macht und dein Einfluss.« »Du bist, was du hast.« »Du bist, was du kaufst« (wie ich in einer Erzählung von Peter Glaser las: »Ein Stück weiter stand eine Frau, die aussah, als hätten ihre Kleider sie gekauft und nicht umgekehrt«).⁶⁶ Gegen diese Zwänge ist das Alleinsein ein Freiheitskampf und der Ort der Begegnung mit dem liebenden und eifernden Gott, der dem neuen Ich sein eigenes Wesen schenkt.

Die Stille meint also hier nicht einfach die »Lila Pause« oder »Ich will endlich mal meine Ruhe haben«, noch »Gönne dir eine kleine Pause«. Sie ist Konfrontation mit meinen Verstrickungen. Sie ist durchaus ein Ort des Kampfes. Die Stille ist der Ort, an dem das alte Ich stirbt und das neue Ich geboren wird; der Ort, wo der neue Mann, die neue Frau in Erscheinung tritt. Dann aber ist sie Frieden, Erfüllung, Sabbat, Glück, Freude, sich verschenkende Aufmerksamkeit, Ruhen an der Wurzel und Gehen aus der Kraft des Grundes.

Dazu gilt es aber einen entschiedenen Weg zu gehen. Im Alleinsein entledige ich mich meiner Schutzausrüstung: keine Gespräche mit Freunden, keine Telefonanrufe, keine Besprechungen, keine Musik zur Unterhaltung, keine Bücher zur Ablenkung – nur ich – bloß, verwundbar, schwach, sündig, entäußert, gebrochen – sonst nichts. Dieser Armut muss ich mich in meinem Alleinsein stellen, einem so schrecklichen Bettlertum, dass alles in mir danach drängt, zu meinen Freunden, meiner Arbeit und meiner Zerstreuung zu eilen, damit ich mein Nichtsein vergessen und mir vormachen kann, etwas wert zu sein.

Aber das ist noch nicht alles. Sobald ich mich entschließe, in der Stille auszuhalten, springen wirre Ideen, zerstreuende Bilder, wilde Phantasien auf, eben das, was die drei Versuchungen Jesu in der Wüste beschreiben. Die ungelebten Sehnsüchte, Ängste und der Groll tollen in meinem Geist herum wie Affen auf einem Baum. Es ist besser, sie nicht zu verscheuchen. Sie springen von hinten wieder auf. Es kommt darauf an auszuharren, »in meiner Zelle zu bleiben«, wie die Mönchsväter und –mütter sagen, bis all meine verführerischen Besucher es aufgeben, an meine Tür zu klopfen, und mich in Ruhe lassen …

Das ist der Kampf. Der Kampf, dem falschen Ich zu sterben. Aber er geht weit, weit über unsere eigene Kraft. Jeder, der seine Dämonen mit seinem eigenen Willen und seiner eigenen Kraft bekämpfen will, ist ein Narr… Wer sich auf die Sanddüne seiner eigenen Willenskraft verlässt, wird frustriert werden, ja sogar Schaden erleiden. Hier ist Gottes Hilfe nötig, sein Beistand, der Heilige Geist, dessen Tempel wir nach der Botschaft der Heiligen Schrift (vgl. 1 Korinther 3,16; 6,19; Epheser 2,21ff.) sind.

Wenn wir den Weg der Stille für unser notwendiges Reifen wieder gehen wollen, dann müssen wir an erster Stelle den Verheißungen Gottes vertrauen. Wir können diesen Weg gegen die äußeren und inneren Widerstände nur gehen in diesem Vertrauen. Ich werde Heilung finden an der Wurzel meines Daseins, wenn ich es mir immer wieder tief in meine Stille hinein sagen lasse, was der Prophet Jesaja dem Volk Israel und jedem von uns sagt:

»Nun aber – so spricht der Herr, dein Schöpfer, Jakob, der dich geformt hat, Israel: Fürchte dich nicht, denn ich habe dich erlöst und rufe dich beim Namen, mein bist du. Gehst du durchs Wasser, ich bin bei dir, durch Ströme, sie werden dich nicht überfluten. Gehst du durch Feuer, du wirst nicht verbrennen; die Flamme wird dich nicht versengen. Denn ich, der Herr, bin dein Gott … weil du mir so teuer bist in meinen Augen, so wertgeschätzt, und weil ich dich liebe« (vgl. Jesaja 43,1–4).

»Denn so spricht Gott, der Herr, der Heilige Israels: Nur in Umkehr und Ruhe liegt euer Heil, in Stillsein und

Vertrauen besteht eure Stärke. Darum wartet der Herr, dass er sich euer erbarmt, darum erhebt er sich, um euch zu begnadigen. Denn der Herr ist ein Gott des Rechts, Heil allen, die auf ihn hoffen« (Jesaja 30,15.18). Nur beides zusammen: Stille und Vertrauen verleihen uns Kraft. Den Weg der Stille gehen Christen, weil sie glauben:»Gott selbst kommt dir in dir entgegen.« In der Mitte deiner Seele lebt Gottes Wort, das Er am Schöpfungsmorgen sprach, als Er uns schuf:»Er sah, und es war alles sehr gut!« Dass Gott dieses Wort immer wieder in mir spricht, ist mein Leben, ist der Pulsschlag der Seele. In diese Zusage soll ich durch die Stille immer mehr Wurzel fassen. Diesen Satz soll ich bewohnen, aus dieser Mitte mich und die Welt neu sehen lernen und neu handeln.

Gott in uns und über uns

»Das Wort des sechsten Tages: ›Gott sah alles an, was er gemacht hatte: Es war sehr gut‹ (Genesis 1,4ff.31). Dieses Innerste ist der Ort, wo wir Jesu Wort bewahren, wo Jesus und der Vater zu uns kommen und bei uns Wohnung nehmen (vgl. Johannes 14,23). Es ist die Seelenspitze, wo Gott uns Vater und Mutter ist, wo Gott uns uneingeschränkt lieben kann und wo wir nach Jesu Aufforderung bleiben sollen (vgl. Johannes 15,9). In diesem inneren Kern ist das Reich Gottes mitten unter uns (vgl. Lukas 17,21). Friede und fruchtbare Stille herrschen hier.«[67]

»Was ist so sehr dein wie du selbst und was ist so wenig dein wie du selbst?« (Augustinus).»Das Allereigenste – was uns letztlich allein gehört: das eigene Ich (das von Gott gewollte Ich, nicht das selbstverkrümmte Ich) ist zugleich das am allerwenigsten Eigene, denn gerade unser Ich haben wir nicht von uns und nicht für uns. Das Ich ist zugleich das, was ich ganz habe und was am wenigsten mir gehört.«[68] Des Menschen Mitte liegt nicht in ihm, sondern oberhalb von ihm. Der Mensch ist zuletzt auf den anderen, auf den wahrhaft Anderen, auf Gott hin bestimmt; er ist um so mehr bei sich, je mehr er bei dem ganz Anderen, bei Gott ist. Er ist demnach ganz er selbst, wenn er die reine Offenheit auf Gott hin ist. Für diese Wirklichkeit steht das Gebet in der Stille. Es ist das Paradox des Menschen: Durch dieses Außer-sich-Sein ist er bei sich, erkennt er auch sich selbst.

Gott ist der, von dem jeder Mensch sagen kann: »innerlicher als mein Innerstes, höher als mein Höchstes«[69]– er, der unendlich über mir ist, ist doch so in mir, dass er meine wahre Innerlichkeit ist; *über mich hinaus* erst kann ich wahrhaft *zu mir selbst* kommen. Denn ich selbst liege über mir. Glaube ist das Hinausgehen des Menschen über sich selbst, das zu sich selbst führt.

Natürlich gelingt das nie isoliert von anderem, im feigen Rückzug auf sich selbst oder in der Abspaltung von Welt und Gesellschaft; und doch braucht es jene schöpferische Stille, Einsamkeit und Intimität, in der jeder Mensch unverwechselbar seinen besonderen Lebensweg glaubend zu gehen hat. Ohne den lebendigen Gegenpol der Stille verliert der Mensch sich selbst.

Was heißt Mut zur Stille?

Mut zur Stille heißt hören auf die Frage: Was soll gelten: Selbsttäuschung/Lüge oder Wahrheit, Schein oder Sein,

Ich-Fixierung oder Leben auf Anruf?[70] Sie dient nicht der Abschottung, dem Tiefenrausch der Stille, meiner Ruhe, die ich endlich haben möchte, noch dem Erlebnis Stille, wie viele Fotokarten es erträumen. Nein, sie dient dem Hören und dem Warten, manchmal in größter Nacktheit. Sie muss ertragen werden, erduldet, ausgehalten, bis du die Botschaft hörst, die Sprache verstehst, die Wahrheit findest, die dich zum Leben ruft.

Die Stille empfängt Gott. »Wer mit Gott nicht eines seiner Wunschbilder empfangen will, der muss warten – in gänzlicher Aufmerksamkeit« (Simone Weil). Dieses Warten in gänzlicher Aufmerksamkeit sei das Wesen des Gebetes, und so sind hörende Stille und Gebet eins. »Ein Mensch betete, und zuerst meinte er, Beten heiße Reden. Aber er wurde immer stiller, bis ihm schließlich aufging, dass Beten Hören heißt« (Sören Kierkegaard).

Die Augen der Stille

Die Achtsamkeit, die aus dieser Stille kommt, schenkt die Bereitschaft, sich von dem ansprechen zu lassen, was jetzt gerade mit mir geschehen will, eine Bereitschaft, dem Anruf zu folgen und mich leiten zu lassen. Es geht darum, mein persönliches Leben einem übergreifenden Ganzen zur Verfügung zu stellen oder – mit Meister Eckhart gesprochen – »mit Gottes Wirken mitwirken«. Sie offenbart mir den Bruder, die Schwester, die Schöpfung. Sie hört, wie Gott in allem begegnen will. Sie schenkt einen neuen Grad an Aufmerksamkeit, die Augen der Stille.

Das christliche Gebet und die christlich verstandene Stille bedeutet nicht, die Augen zu schließen, sondern sie weit aufzumachen, so dass es fast wehtut. So wie Jesus es in der Parabel vom barmherzigen Samariter gelehrt hat (zum Nachlesen: Lukas 10,30–37). Er wollte uns nicht ablenken von dem, was geschieht, schon gar nicht vom Leiden der Menschen, er wollte uns aufmerksam machen, dass wir nicht vorbeigehen, dass wir erfassen und zufassen. Christsein heißt: mehr wahrzunehmen als andere. Stille ist Aufmerksamkeit, die aus der Wurzel kommt. Die christliche Haltung der Stille kennt also nicht eine Mystik der geschlossenen, sondern der offenen Augen. Eindrücklich kommt diese christliche Grundhaltung in den Skulpturen der romanischen Kathedralen zum Ausdruck: eine Haltung des Horchens und der weit aufgerissenen Augen, eben der höchsten Achtsamkeit.

Das Leben herankommen lassen

Die Stille ist keine Fluchtstrategie. Im Gegenteil: Nicht vorbei an der Zerrissenheit und Gespaltenheit, die wir oft erleben, oder an den Enttäuschungen und der Einsamkeit, die oft auch nach Jahren noch gleich wehtun, nicht vorbei an der Eintönigkeit und der bedrückenden Verantwortung und auch nicht vorbei an der Freude über ein erreichtes Ziel und an dem Glück, nach Hause zu kommen und erwartet zu sein, sondern durch all dieses Erleben hindurch will die Stille uns führen, damit wir in der Steppe des Alltags den Dornbusch brennen sehen, der brennt und doch nicht verbrennt (vgl. Exodus 3,1ff.).

Die Stille soll uns nicht am konkreten Leben vorbeiführen, sondern sie soll uns helfen, das Leben an uns herankommen zu lassen. Sie soll uns bereit machen, nicht in den schönen und schweren Stunden hängen zu bleiben, sondern sie zu durchleben bis an den Brunnenpunkt, an dem sie aus Gott herausströmen.

Stille als Quellpunkt

Mutter Teresa hat in unüberbietbarer Schlichtheit den einfachen christlichen Weg zum erfüllten Leben umschrieben. Die Stille hat einen zentralen Ort. Aus ihr quillt alles Übrige. Es bleibt aber nicht bei ihr. »Die Frucht der Stille ist das Gebet. Die Frucht des Gebetes ist der Glaube. Die Frucht des Glaubens ist die Liebe. Die Frucht der Liebe ist das Dienen. Die Frucht des Dienens ist der Friede« (Mutter Teresa).[71] Das ist der christliche Weg in Kurzfassung. Es geht im christlichen Glauben um diese ganze Spannweite. Nie geht es einfach um die Stille an sich, so als ob spirituelles Leben wie ein Bonsai-Bäumchen im Wohnstudio zu halten und pflegen wäre. Christliche Spiritualität geht aufs Ganze, auf mich, auf dich, auf die Gesellschaft und die Schöpfung. Ihren Beginn nimmt sie jedoch mit der Stille, nicht mit dem Aktionismus und hektischem Agieren. Das scheinen wir aber zunehmend zu vergessen, weil wir den klärenden Weg der Stille scheuen. Umso wichtiger ist die Antwort auf die Frage: Wie üben wir den Weg in die Stille?

Wegmarken zur Stille[72]

* Entschließe dich zu einem bescheidenen Vorhaben auf dem Weg zu Stille und Gebet. Es gibt das Problem der Selbstentmutigung durch zu große Vorhaben.

Ein solcher bescheidener Schritt könnte sein, am Morgen oder am Abend einen Psalm oder einen Schrifttext zu lesen und ihn in die Stille mitzunehmen. Dafür sollte genügend Zeit sein. Wenn dies nicht möglich ist, liegt es nicht an der Hektik und der Überlast unseres Berufes, sondern daran, dass wir falsch leben. Die besten Führer auf der Suche nach deinem Weg sind Einfachheit und Regelmäßigkeit.

• Gib deinem Vorhaben eine feste Zeit! Halte die stille Zeit nicht nur, wenn es dir danach zumute ist, sondern wenn es Zeit dazu ist. Regelmäßig beachtete Zeiten sind Rhythmen; Rhythmen sind gegliederte Zeiten. Erst gegliederte Zeiten sind erträgliche Zeiten. Lineare und nicht gegliederte Zeiten sind öde und schwer erträglich. Es ist besser, jeden Tag zehn Minuten das Alleinsein zu üben, als ab und zu eine ganze Stunde darauf zu verwenden. Es ist besser, sich an eine bestimmte Haltung zu gewöhnen, als ständig verschiedene Haltungen auszuprobieren.

• Gib deinem Vorhaben einen festen Ort! Orte sprechen und bauen an unserer Innerlichkeit. Sei streng mit dir selber! Mache deine Gestimmtheiten und deine augenblicklichen Bedürfnisse nicht zum Maßstab deines Handelns! Stimmungen und Augenblicksbedürfnisse sind zwielichtig. Die Beachtung von Zeiten, Orten und Methoden reinigt das Herz.

• Rechne nicht damit, dass dein Vorhaben ein Seelenbad ist! Es ist Arbeit! Manchmal schön und erfüllend, oft langweilig und trocken. Das Gefühl innerer Erfülltheit rechtfertigt die Sache nicht, das Gefühl innerer Leere verurteilt sie nicht. Stille, Meditieren, Beten, geistliche Lesung sind Bildungsvorgänge. Bildung ist ein langfristiges Unternehmen.

- Sei nicht auf Erfüllung aus, sei vielmehr dankbar für geglückte Halbheit! Es gibt Ganzheitszwänge, die unsere Handlungen lähmen und uns entmutigen.

- Fange bei deinem Versuch nicht irgendwie an, sondern baue dir eine kleine, sich wiederholende Liturgie. Komm zur Ruhe, sammle dich. Beginne mit einer Geste, zum Beispiel dem Kreuzzeichen. Sprich ein Gebet, das dich in die richtige Haltung bringt, lies einen Text, der dich auf Gott ausrichtet. Dann aber sei einfach da. Schließe mit dem Vaterunser oder einer Schlussformel.

- Still sein, Beten und Meditieren sind kein Nachdenken. Es sind Stellen hoher Passivität. Meditieren und Beten heißt frei werden vom Jagen, Beabsichtigen und Fassen. Sich nicht wehren und nicht besitzen wollen ist die hohe Kunst eines meditativen stillen Verhaltens.

- Lerne Formeln und kurze Sätze aus dem Gebets- und Bildschatz der Tradition auswendig! (Psalmverse, Bibelverse …). Wiederholte Formeln wiegen dich in den Geist der Bilder. Sie verhelfen uns zur Passivität. Sie sind außerdem die Notsprache, wenn einem das Leben die Sprache verschlägt. Sie sind wie ein Balken, an den man sich nach einem Schiffbruch klammert. In ihrem Umfeld entsteht die heilsame Stille.

- Sei nicht gewaltsam mit dir selbst! Zwinge dich nicht zur Gesammeltheit! Wie fast alle Unternehmungen ist auch dieses brüchig. Es soll uns der Humor über dem Misslingen nicht verloren gehen. Auch das Misslingen ist unsere Schwester und nicht unser Todfeind.

- Nicht weil die Stille und das Gebet Lösungen für die Komplexität unseres Lebens bieten, nicht weil wir uns dort in unendlicher Selbstanalyse umkreisen und zerlegen wie eine Maschine, sondern weil Stille und Gebet uns mit unserer heiligen heilenden Mitte, in der Gott wohnt, in Berührung bringen, deshalb suche die Stille. Dieser heilige Mittelpunkt darf nicht analysiert werden. Es ist der Ort der Anbetung, des Dankens und Lobens. Birg all deine Versuche in den Satz des Propheten Zefanja: »Der Herr, dein Gott, ist in deiner Mitte … Er jubelt über dich voller Freude, er erneuert seine Liebe zu dir, er jauchzt über dich mit Jubelruf wie am Tag des Festes« (Zefanja 3,17). Er ruft in dir nach dir!

Die Gott-Suche durch die Haltung der Ehrfurcht, Ruhe und Stille vermittelt, geht nicht in einen allgemeinen, uneinholbaren Horizont auf. Der Gott der Bibel begegnet uns, tritt uns führend entgegen, wird uns am deutlichsten und am unwiderruflichsten in Jesus dem Christus vor Augen gestellt. Christliche Gott-Suche geht durch den Sohn in der Kraft des Geistes zum Vater in eine unabschließbare Dynamik der Beziehung ein. Wie steht es um den christlichen Weg? Wie ergeht es dem, der ihn heute betritt? Was ist eigentlich die unterscheidend christliche Gotteserfahrung, die uns Jesus erschlossen hat?

7
Der christliche Weg des Menschen

In der Öffentlichkeit steht das Christliche in der Konkurrenz der Meinungen, ist eine Deutung der Wirklichkeit unter anderen, bekommt dadurch eher das Außenprofil des »Gesprächsbeitrags« im Pluralismus denn des Bekenntnisses, das in sich steht. Kommunikabilität wird zum Ziel. Christliche Identität im Dialog ist nur zu begrüßen, hat aber für manchen Christen selbst für das Verständnis und den Ausdruck des Christlichen eine »verfremdende« Konsequenz: Er hört die Botschaft als »veröffentlichbare«; nur was »alle« verstehen, dürfen und können, gilt. Argumente, die nicht ankommen, fallen aus. Man ist versucht, vom allgemeinen Verständnis her sich selbst zu formulieren – vielleicht statt den eigenen Glauben, die eigene Überzeugung von sich her in die Welt, in die Verständlichkeit für alle zu übersetzen. Solche Anpassung hat ihrerseits zwei

Spielarten: Anpassung durch »Aufgeben«, Anpassung an das, womit alle ohnehin einverstanden sind – oder Anpassung durch Selbstbehauptung, durch plakative Profilierung des eigenen Standpunktes, um sich neben den anderen »sehen lassen«, um es »mit ihnen aufnehmen« zu können. Konformismus und Polarisierung stehen grundsätzlich unter denselben Vorzeichen.

Solche Standardisierung des Christlichen für den öffentlichen und allgemeinen Gebrauch hat aber noch eine weitere Konsequenz: Es führt dazu, dass Christliches, auch für Christen selbst, nur mehr Angebotscharakter, den Charakter eines kombinierbaren Menus auf der Speisekarte erhält.

Christlichkeit im öffentlichen und bürgerlichen Sinn geht mit der Möglichkeit zur bloß teilweisen Identifikation des einzelnen Christen mit seinem Christsein Hand in Hand. Wo hingegen eine totale Identifikation vorliegt, wo Christentum als eine alles umfassende Antwort auf die Sinn und Daseinsfrage betrachtet wird, da regt sich Widerstand. Was sich der Relativierbarkeit im Austausch der Meinungen entzieht, muss sich Argwohn gefallen lassen.

Daraus resultiert eine doppelte »Stellung« des Christlichen im allgemeinen Bewusstsein der Zeit: Sofern Christentum als eine unbedingte, endgültige, das Entweder-Oder einer radikalen Entscheidung fordernde Antwort auf die Frage nach dem Sinn des Ganzen erscheint, erfährt es Ablehnung. Es schlägt der gängig akzeptierten Ansicht ins Gesicht, dass jede Meinung relativ, endlich, bedingt und verfasst, mehr Anlauf der Deutung denn Ergebnis, mehr Perspektive auf Wahrheit zu denn deren Präsenz sei. Als besonders getönte Einfärbung der allgemeinen Ansicht der Welt und der Dinge, als Tradition, die Impulse auch für heute gibt, als Dynamismus der Evolution zum Menschlicheren, als ehrwürdige Gestalt menschlichen Selbstverständnisses, die ins Heute fortgeschrieben werden muss und kann, lässt sich Christliches hingegen einfügen ins innerpluralistische Gespräch.

Das Christliche findet sich vor dem Angebot dieser eigentümlichen Alternative des allgemeinen Bewusstseins: entweder es hält sich fest und gilt als intolerant und letzte Hochideologie – oder es fügt sich in den Meinungspluralismus ein und wird zum relativierbaren Beitrag allgemeiner Wahrheitssuche. Aber sind das nicht falsch gesetzte Alternativen? Machen wir uns jedoch nichts vor, der Anspruch Jesu ist ungeheuerlich: Der nackt mit aufgerissenem Herz am Kreuz Hängende ist der, der mit göttlicher Hoheit von sich sagt: »Ich bin der Weg, die Wahrheit und das Leben. Wer mich sieht, sieht den Vater!« Er sagt nicht: »Ich zeige euch den Weg«, sondern: »Ich bin der Weg.« Er sagt nicht: »Ich lehre euch die Wahrheit«, sondern: »Ich bin die Wahrheit.« Er sagt nicht: »Ich bringe euch das Leben«, sondern: »Ich bin das Leben.« Er sagt nicht: »Ich habe den Vater gesehen und erzähle euch vom Vater«, sondern: »Wer mich sieht, der sieht den Vater.« Diese Wahrheit aber offenbart sich, so sagt derselbe Evangelist Johannes, der diese provozierenden Worte Jesu berichtet, am Kreuz: in sich selbstlos verschenkender Liebe.

Das Zeugnis Jesu ist: Gott ist sich verschenkende Liebe, und du und ich und wir finden zu Gott und den anderen nur, wenn ich mich, wir uns, du dich von Ihm in diese Bewegung mitnehmen lässt. Unbewaffnet und nackt geht diese Wahrheit in die Welt. Diese Wahrheit zwingt nicht, sie vertraut. Sie passt nicht in die Alternativen von

»intolerant« oder »relativer Gesprächsbeitrag«. Die Gestalt Jesus ruft mit geöffnetem, wehrlosem Herzen zur Entscheidung. Der Missbrauch des Anspruchs Jesu gehört zur Schuldgeschichte der Kirche bis heute, das sei hier nicht geleugnet, sondern bekannt. Die Kirche steht unter dem Anspruch Jesu, und dieser wird ihr selbst zum Gericht, wo sie ihn verrät. Die Kirche gibt es letztlich nur, damit Gott gesehen wird und damit im Ausblick auf Gott der Mensch und die Schöpfung neu gesehen werden und in seine Gegenwart gelangen können. Christen glauben nicht an die Kirche, sondern an Gott, und zwar in der Kirche, dank der Kirche und manchmal auch trotz der real existierenden Gestalt der Kirche.

Halten wir deshalb fest: Wie immer von außen, aus unterschiedlichen Gründen und Tendenzen vom Christentum gedacht wird – was das Christliche ist, kann man nur im Blick auf Jesus den Christus sagen. Deshalb trägt es seinen Namen.»Das Christliche empfängt seine Identität von innen, von seinem Bezug zu Jesus Christus her« (Klaus Hemmerle).

Christsein, mehr als wir

Nach dem Zeugnis der Heiligen Schrift, des Evangeliums, der ersten Glaubenszeugen und der geschichtlichen Entfaltung der Kirche versteht sich unser Glaube nicht als ein bloßer Beitrag zur Menschheitsgeschichte oder als deren immanentes Ergebnis, sondern als Antwort auf das Handeln Gottes in der Geschichte, das durch die Geschichte über sie hinausführt. Wir Menschen sind nicht unser Ursprung, nicht Herr unserer Lage und nicht selber unser

Ziel. Wir sind fragmentarisch, verwiesen, unabgeschlossen und auf Gott hin geschaffen. Es zu verleugnen ist die Hölle für uns und andere. »Das ›Ewige im Menschen‹ ist seine Armut, die des anderen bedarf, seine unzerstörbare Freiheit ist die Freiheit, geliebt zu werden.«[73]

»Christentum ist nicht eine poetische Weltanschauung, nicht ein Mythos, nicht ein Lebensgefühl, sondern der Glaube an eine reale Offenbarung Gottes [in Jesus Christus, d. Vf.] über sein eigenes Wesen, über Ursprung und Ziel des Menschen, über seinen Fall und über seine Erlösung.«[74]

Das heißt: Mein Glaube an Jesus Christus ist nicht zuerst auf dem eigenen Verstand und auch nicht zuerst auf den eigenen Erfahrungen begründet, sondern auf dem unbedingten Vertrauen, das ich Gott entgegenbringe. Ich glaube dir, weil du es mir gesagt hast, und weil du in dem, wie du dich in Jesus zeigst, Du meinem Glauben festes Vertrauen schenkst. Unser Glaube an Jesus Christus beruht nicht auf dem, was wir selber entdecken, finden, ausdenken können, sondern auf dem, »was kein Auge gesehen und kein Ohr gehört hat und was in keines Menschen Herz gedrungen ist: Alles, was Gott denen bereitet hat, die ihn lieben« (1 Korinther 2,9). Kein Mensch konnte sich das Geheimnis ausdenken, das wir in der Weihnachtszeit feiern: dass dieses Kind in der Krippe der ewige Sohn Gottes ist. Das hat keine Religion erfunden, kein Mensch entdeckt, das hat Gott offenbart. Wenn er es nicht offenbart hätte – wir könnten es nicht wissen, nicht glauben.[75]

Nicht wir Christen behaupten von uns aus, dass Jesus der einzige ist, in dem Heil ist (vgl. Apostelgeschichte 4,21), sondern »jenes Geheimnis, das seit ewigen Zeiten und Geschlechtern verborgen war: Jetzt aber ist es … offenbart worden« (Kolosser 1,26), damit wir es im Gehorsam des Glaubens annehmen. »Als aber die Zeit erfüllt war, sandte Gott seinen Sohn«, sagt Paulus im Galaterbrief (4,4).

Wir glauben, dass Gott, der das Heil aller Menschen ist (1 Timotheus 2,4), Wege des Heils weiß für die, welche Jesus Christus ohne eigene Schuld nicht kennen, aber seinem im Anruf des Gewissens erkannten Willen unter dem Einfluss der Nähe Gottes in der Tat zu erfüllen suchen.[76] Wir glauben, Gott hat »vielmals und auf vielerlei Weise« (Hebräer 1,1) zu den Menschen gesprochen. Durch die Propheten des Alten Bundes hat Gott zu den Menschen gesprochen. Er hat durch das Gewissen immer auch zu den Menschen gesprochen in ihrem Herzen. »Am Ende dieser Tage hat er zu uns gesprochen durch den Sohn« – jetzt kommt ein unglaubliches Wort – »den er zum Erben des Alls eingesetzt, durch den er auch die Welt erschaffen hat, der auch das All trägt durch sein machtvolles Wort« (Hebräer 1,23). Wir glauben, dass dieses Kind in der Krippe der »Erbe des Alls« ist, der durch sein »Wort« das ganze »All« trägt. Eine solche Aussage gibt es in keiner anderen Religion. Im Kolosserhymnus (Kolosser 1,12–20) singt die Gemeinde:

Dankt dem Vater mit Freude, der uns befähigt hat
zur Teilnahme am Los der Heiligen im Licht.
Er hat uns aus der Gewalt der Finsternis errettet und
in das Reich seines geliebten Sohnes versetzt.
In ihm haben wir die Erlösung,
die Vergebung der Sünden.
Er ist das Bild des unsichtbaren Gottes,
der Erstgeborene der ganzen Schöpfung.
Denn in ihm wurde alles erschaffen

im Himmel und auf der Erde,
das Sichtbare und das Unsichtbare,
seien es Throne oder Herrschaften,
Mächte oder Gewalten.
Alles ist durch ihn und auf ihn hin erschaffen.
Er ist vor allem, und alles hat in ihm Bestand.
Er ist das Haupt des Leibes, der Kirche.
Er ist der Anfang, der Erstgeborene aus den Toten,
damit er in allem der Erste sei.
Denn es gefiel der ganzen Fülle,
in ihm Wohnung zu nehmen
und durch ihn und auf ihn alles mit sich zu versöhnen,
indem er Frieden stiftete durch sein Blut am Kreuz,
sei es auf der Erde oder im Himmel.

Das alles macht deutlich: Hier liegt etwas anstößig unterscheidend Christliches. Das Christliche kann man nicht herleiten aus natürlichen Kategorien. Es lässt sich auch nicht einfach hinüberführen in den allen gemeinsamen Existenzstoff und das selbstverständliche Daseinsgefüge. Man hat es immer wieder versucht, die Fülle der christlichen Wirklichkeit zugunsten eines besonderen Momentes zu bündeln.

Christsein sei die Religion der Liebe, oder noch ethischer ausgedrückt, die Religion der Nächstenliebe, der reinsten Sittlichkeit, die am meisten vernunftgemäße und daher die vollkommenste Religion. Ein Hegel wollte dem Christentum zu Hilfe kommen, indem er es auf den Begriff, in ein philosophisches System bringen wollte, und von ihm stammt das unglückliche Wort von der »Absolutheit des Christentums«. Man hat sich zu abstrakten Definitionen hinreißen lassen und den »Gegenstand« unter

»allgemeine Begriffe« absterben lassen. Es widerstreitet dem tiefsten Bewusstsein des Christlichen, sich reduzieren zu lassen auf vorgegebene Erfahrungen und Denkbewegungen oder durch Abstraktionen und Prinzipien in die Höhe verdünnt zu werden.

Das Christliche ist Christus

Mit Romano Guardini ist daran festzuhalten: »Das Christliche ist letztlich nicht eine Wahrheitslehre oder Deutung des Lebens. Es ist auch das; aber darin besteht nicht sein Wesenskern. Den bildet Jesus von Nazareth, sein konkretes Dasein, Werk und Schicksal – das heißt also eine geschichtliche Person. [... Die christliche Lehre] behauptet nämlich, durch die Menschwerdung des Sohnes Gottes, durch seinen Tod und seine Auferstehung, durch das Geheimnis des Glaubens und der Gnade sei alle Schöpfung aufgefordert, ihre scheinbare Eigenständigkeit aufzugeben und unter die Bestimmung einer personalen Wirklichkeit, nämlich Jesu Christi, als der entscheidenden Form zu treten.«⁷⁷

Damit ergibt sich ein weiteres wichtiges Zwischenergebnis: »Schon die Zeitgenossen Jesu haben gefunden: ›Herr, deine Rede ist hart, wer kann sie hören?‹ Und Jesus lässt sie sofort frei: ›Wollt auch ihr gehen?‹ (vgl. Johannes 6). Niemand wird gezwungen, aber wer von seiner Stimme sich innerlich angesprochen fühlt, muss sich entscheiden.

Das muss deshalb so betont werden, weil es helfen kann, die volle Eigenart der christlichen Religion wieder klarer zu erfassen: Sie ist in erster Linie weder Weltanschauung noch Sittengesetz, weder Sinndeutung noch Lehre noch Weltverbesserungsprogramm – das alles kann aus ihr gewonnen werden, wurde ja auch aus ihr gewonnen, macht aber nicht ihr eigentliches Wesen aus, sondern im Kern ist unsere Religion die personale Begegnung jedes einzelnen von uns mit Gott, die sich konkretisiert in unserer Beziehung zu Jesus Christus. In ihm tritt uns Gott selbst entgegen und stellt uns vor die Frage: Glaubst du mir?«[78]

Nur: Kennen wir diesen Jesus Christus wirklich? Ist unser Kopf und Herz selbst nicht mit den seltsamsten Vorstellungen vollgestopft?

Kennen wir Christus, den Mann aus Nazaret?

Kennen wir den Galiläer, den wir im Glaubensbekenntnis der Kirche als Gottessohn bezeugen? Die Heilige Schrift hat schon ihre Schwierigkeit diesen Jesus zu erfassen. Sie kennt viele Hoheitstitel für ihn: Sohn Gottes, Messias, Retter, Befreier, Menschensohn, Herr, Heiland. Alle sagen etwas, keiner sagt genug! Die Botschaft von Jesus ist von Anfang an in eine Vielfalt von Denk- und Sprechweisen eingelassen. Das gilt bis heute.

Aber die Frage gilt nun: Verstecken wir ihn nicht manchmal hinter unseren Bekenntnisformeln – gut verpackt, gut einsortiert und theologisch verschnürt? Unser Christusglaube dämmert im Nebel der innerkirchlichen Selbstverständlichkeit. »Wir nennen Jesus oft, als wäre er ein leicht beschreibbares Mitglied unseres Bekanntenkreises, als hätten wir die Fragen nach ihm für immer hinter uns, erledigt und zu Ende gelitten. Jesus Christus hüpft uns so leicht von der Zunge wie das Wörtchen und«, bemerkt Gottfried Bachl.[79]

Wir sagen: Er ist der Sohn Gottes und rücken ihn dabei

selbstverständlich in die Reihe der großen übermenschlichen Gestalten Odysseus, Aristoteles, Caesar, Mozart. Aber ist es möglich, Jesus wirklich dazuzuzählen? »Kann er sich mit Goethe vergleichen oder mit Rembrandt und Augustinus, an Wissen, Reichtum des Geistes, vielfältige Artikulation der Seele, in der machtvollen Begabung, der ausgewogenen Nuancierung der Gefühle?«[80] Der Mann aus Nazaret erscheint in den Evangelien nicht als genialer Übermensch, als einer von den »Großen der Menschheit«. Er ist eine Person aus der jüdischen Mittelschicht, nicht reich, nicht mächtig, aber auch nicht besonders arm, ein Handwerker, kein Priester, ohne Funktion im religiösen System. Er fällt nicht auf in der Masse des Gottesvolkes. Ja, und doch sind seine Haltungen und Handlungen so gefüllt, dass sie sich einprägen, mehr als tausend geistreiche Bücher. Man denke zum Beispiel nur an das Schweigen und In-den-Sand-Schreiben Jesu, als man ihm eine Ehebrecherin vorführt, die man steinigen will.

Was sein Verhalten und seine Konstitution angeht, ist Jesus im Vergleich mit den Großen und Maßgebenden der menschlichen Geschichte von bescheidener, gewöhnlicher Art, durchaus dem Bereich der Normalität zugehörig, und doch ist das Bewusstsein, dass er der geliebte Sohn des Vaters ist, in allem zu erspüren. Das gibt ihm seinen ganz eigenen Charakter und sprengt die üblichen Verhaltensmuster.

Er war kein *Wissensübermensch,* auch nicht innerhalb der Verhältnisse seiner Zeit. Er hatte zu lernen wie alle Menschen und war den Schranken des endlichen Erkennens unterworfen. Ausdrücklich steht es bei Markus: »Jenen Tag aber oder die Stunde (des Weltendes) kennt niemand, auch nicht die Engel im Himmel, auch nicht der Sohn ...«

(Markus 13,32). Nichts von Allwissenheit. Und doch prägt ihn ein Wissen, so stark, dass alles andere Wissen dahinter zurückfällt: die Gewissheit, dass Gottvater seine Sonne aufgehen lässt über Gerechte und Ungerechte. Dem barmherzigen Vater vertraut er ganz. Das ist das Wissen Christi, das ihn weitsichtig macht!

»Jesus war kein *Wunderübermensch*. Es werden zwar wunderbare Taten von ihm erzählt, und sie erweisen ihn als einen Heiler und Charismatiker. Das lässt sich nicht aus Jesu Leben wegnehmen. Aber kein Wunder dient der Demonstration seiner Überlegenheit, kein Wunder schützt ihn vor der Versuchung, kein Wunder erspart ihm die mühselige Arbeit der Werbung für seine Botschaft, kein Wunder bewahrt ihn vor dem Absturz in die Katastrophe. Die Henker haben keine Mühe mit dem zerschlagenen Mann« (G. Bachl). Und doch in den letzten Stunden, in allem Leiden und Schweigen ist eine Hoheit präsent, die sich kaum fassen lässt: die Offenbarung sich schenkender, verzeihender Liebe. Das Wunder aller Wunder.

Jesus war kein *Erlebnisübermensch*, der kunstvoll die Früchte der Welt in einer bewusstseinserweiterten Seele aufgenommen hätte. Er war nicht eine Art »spirituelles Genie« der ganzheitlichen Erfahrungen. Dafür war seine Zeit in seinen gut dreißig Lebensjahren zu knapp. Sein Erfahrungsraum war abgezirkelt auf die enge Welt des palästinensischen Judentums. Und doch haben all seine Begegnungen und Handlungen eine ungeheuerliche Präsenz und Dichte.

Jesus war kein *Kraftübermensch* und hat nicht die Verhältnisse umgekrempelt und sich in jedem Fall durchgesetzt. »Seine Verletzlichkeit zeigte sich im abrupten Ende seines Lebens, im Geliefertsein, in der Ohnmacht gegenüber den Mächtigen. Ohne den Schutzschild der Wunder zu benützen, ist er in den Tod gegangen. Und doch hat er niemand in seine Katastrophe mitgerissen. Und doch hat er den Mut zum Leiden. Als Patron unserer Wehleidigkeit ist er nicht zu gebrauchen, aber auch nicht als heiliger Krieger, dem kein Opfer zu blutig ist für die gute Sache. Er ist ganz allein gestorben. Er war überzeugt, dass es besser ist, den Erfolg zu opfern, als die Wege Gottes zu verraten« (G. Bachl). Welche Kraft kommt hier zum Vorschein? Jesus war Mensch, nicht Übermensch und doch mehr... unfassbar weit mehr. Dies alles zusammenzuhalten ist wohl nur dem gegeben, der glaubt.

Die Menschwerdung Gottes in unsere »Zufälligkeit«

Der christliche Glaube an die Menschwerdung Gottes hat immer daran festgehalten: Gott war einer von uns, in der Gewöhnlichkeit einer Lebensgestalt, in der Normalität, in der Kürze und Gebrechlichkeit, in der Flüchtigkeit irdischer Jahre, in den engen Grenzen eines Individuums, in der Zufälligkeit des einzelnen Lebens ist Gott da. Nicht sein Sachwalter, nicht sein Prophet, nein, nicht einfach ein guter Mensch. Er, Gott, ist darin da, zu unserem Heil. Das ist unser Trost.

Darin liegt das unterscheidend Christliche: Das Christentum kündigt nicht die konkrete Wirklichkeit auf. In ihr eröffnet sich Gott, dafür steht unser Glaube an die Menschwerdung Gottes in Jesus Christus. Diese Welt ist von Gott gewollte, angenommene, erlöste und über sich hinausgeführte Welt. Deshalb können wir die Wirklichkeit umarmen und müssen nicht in heile Welten fliehen.

Selig, wer daran kein Ärgernis nimmt. Dieser Glaube gibt dem Christentum die Leidenschaft zur konkreten, manchmal wunderbaren, aber immer auch gebrochenen, zerstörten und runzligen Erde um des Himmels willen. Dies unterscheidet Christen in einer Zeit, in der fast alles unter dem Diktat des Nützlichen und Wirtschaftlichen, des Perfekten und Schönen steht. Gibt es noch ein Recht auf Unvollkommenheit, auf Defekte?

Jesus, mehr als die Begriffe

Die Rede von Jesus ist schon in der Bibel mehr als bloße Bezugnahme auf eine historische Person. Sie ist Bekenntnis und Antwort des Glaubens auf die schon die Jünger Jesu beschäftigende Frage: Wer ist dieser Jesus von Nazaret? So heißt es bei der Stillung des Seesturms aus dem Mund der Jünger:»Was ist das für ein Mensch, dass selbst der Wind und der See ihm gehorchen?« (Markus 4,41).

Die Antwort auf die Frage, die Jesus selbst an seine Jünger stellt (Markus 8,27.29):»Für wen halten mich die Menschen? Für wen haltet ihr mich?«, entscheidet, ob ein Mensch ein Christ beziehungsweise Christin ist oder wird. Im Evangelium liegen Hoheit und Göttlichkeit Jesu und Menschlichkeit nahe zusammen, sie sind so eng verwoben, dass ihr Verhältnis nicht näher aufklärbar ist.

Es hat immer Versuche gegeben, dieses Gewebe exegetisch auseinander zu nehmen (in österliche und vorösterliche Textvarianten, in den historischen Jesus von Nazaret und den verklärten Christus). Die Evangelien selbst lassen jedoch keinen Zweifel daran, wie sie verstanden werden wollen. So beginnt das Markusevangelium mit dem Satz: »Anfang des Evangeliums von Jesus Christus, dem Sohn Gottes« (Markus 1,1). Das Johannesevangelium endet (Johannes 20,31): »Dies ist aufgeschrieben, damit ihr glaubt, dass Jesus der Messias ist, der Sohn Gottes.«

Die Frage, wer dieser Jesus von Nazaret sei, hat den christlichen Glauben immer durchzogen. Es wurde um die Antwort gerungen, ja gestritten. Einfühlsam, aber auch fanatisch wurde um die Wahrheit Jesu gerungen und in der Art des Kampfes ist nicht selten er selbst verraten worden. Manchmal siegte die Göttlichkeit Jesu, die ihn erscheinen ließ wie einen über die Erde wandelnden Gott. Ein andermal wurde die Menschlichkeit Jesu betont. Dann wieder war er der adoptierte Sohn, erstes Geschöpf, ein großer Prophet, denn es durfte und konnte nicht sein, dass Gott sich so weit, so konkret, so verbindlich auf diese Welt einlässt, das sprengte jede Denkvoraussetzung.

Wir sind bis heute nicht mit dieser Spannung fertig, und das ist vielleicht auch gut so. Jesus hat man nicht, er kann sich nur geben. Auch die Kirche hat ihn nicht in Besitz, er geht ihr voran, und sie hat ihn nur, wenn sie sich seinem gottmenschlichen Geheimnis immer mehr anvertraut. Schwer genug, wenn sie sich nur selber sucht. Leicht, wenn sie ihn für die Welt erhofft!

Jesus, nicht Vergangenheit, sondern Gegenwart

Paulus überliefert eine ihm selbst übergebene Bekenntnisformel der ersten Christen, den möglichen »heißen Kern« des christlichen Selbstverständnisses. Diese Bekenntnisformel ist Urgestein christlichen Selbstverständnisses. Sie ist eine Art Gleichung: »Wenn du mit deinem Mund Jesus als den Herrn *(Kyrios)* bekennst und in deinem Herzen glaubst, dass Gott ihn von den Toten auferweckt hat, wirst du gerettet werden« (Römer 10,9). Auf der einen Seite der Gleichung steht die Person des irdischen Jesus, des Predigers aus Nazaret, der in einer bestimmten Region eine Anzahl von Monaten oder Jahren gewirkt hat. Auf der anderen Seite der Gleichung steht der Gottestitel *Kyrios,* »Herr«. Die Gleichung wird für Paulus durch den Glauben an die Auferstehung vermittelt. Das Ereignis der Auferstehung wirft ein Licht auf das ganze Wirken und Reden Jesu. Dieses Licht offenbart, wer er war, was er ist und was er bleibend für uns bedeutet.

Das Leben Jesu als Modell vorbildlichen Lebens und seine Botschaft als Programm zu einer größeren Humanisierung der menschlichen Lebenswelt oder zu einer vertieften Religiosität bilden die Seite, in der Christen auch mit Nichtchristen verschiedener Weltanschauungen übereinkommen. Die andere Seite bildet bis heute den Unterscheidungspunkt. Christen leben mit einem, der lebt! Sie leben mit dem auferstandenen Herrn, der uns seinen Geist schenkt, seinen Feueratem, der in uns wirkt.

Die Spannungen liegen bis heute offen zu Tage: Nur Prophet, nur Religionsstifter, nur Sachwalter Gottes, nur »Gut-Mensch«, nur das »liebe Jesulein«, nur der Bergprediger und Weltfriedensethiker einer globalen Gesellschaft, nur der Menschheitslehrer, der auf zentrale Lebensfragen Antworten hat. Oder: Über das alles hinaus leben mit einem, der lebt, der seine Kirche heute noch durchwirkt, sie anruft, ja anfragt mit unseren allzu passenden Gottesbildern und kirchlichen Selbstverständlichkeiten, die Glut unter der Asche, die Leben weckt und zündelt.

Die Kraft des Christentums ist nicht seine Vergangenheit, sein kulturelles Erbe für eine immer seichter werdende Kultur. Die Kraft des Christentums ist nicht sein Wertereservoir. Freilich, es gibt hier ein großes Erbe der Vergangenheit, und es wäre hier einiges entgegenzunehmen. Nein, die eigentliche Kraft des Christentums ist die Gegenwart Christi, seine reale Gegenwart und sein beständiges Kommen. Gott ist jünger als wir. Christus, das Zukommen Gottes, ist jünger als wir. Gegenüber Christus sind wir immer schon alt. Er ist das Leben.

Das Geheimnis seines Herzens

Jean Vanier, der Begründer der Arche-Bewegung, schrieb vor einigen Jahren ein wunderbar einfaches Buch über Jesus.[81] Vielleicht hat er ihn so erfahren können, nachdem er seine Karriere als Militär und Philosophiedozent abbrach, aus Freundschaft zu Jesus, wie er sagt, und sein Leben mit behinderten Menschen in kleinen Lebensgemeinschaften teilte. Er ist fest davon überzeugt, dass unsere Zeit nicht Kopfbildung, nicht pragmatisches Wissen, sondern vor allem Herzensbildung nötig hat.

Ein Herz aber formt sich nur in geteiltem Leben. Er würde es jedoch berechtigterweise nicht dulden, wenn ich sagen würde, er teilt sein Leben mit behinderten Menschen. Denn für ihn sind wir alle auf die eine oder andere Weise behindert, der eine am Kopf, der andere im Herzen, der andere mit seinen Händen, wieder andere an ihrer Seele. Jeder aber ist auf den anderen verwiesen.

Also sage ich schlicht: Jean Vanier teilt sein Leben mit Menschen, die wissen und akzeptieren lernen, dass sie aufeinander verwiesen sind. In seinem Jesusbuch heißt es:

Ich schreibe dieses Buch,
um deutlich zu machen, wie unendlich gut Jesus ist.
Es gibt nichts Gemeines an ihm,
keinen Drang, andere zu beherrschen
oder ihnen seinen Willen aufzuzwingen.
Er ist nicht gekommen,
um die Menschen Schuld fühlen zu lassen
oder ein Urteil über sie zu sprechen.
Er ist von der Überzeugung beseelt,
eine Sendung zu haben.
Er ist stark.
In ihm herrscht das Licht der Wahrheit,
eine tiefe Demut und die arglose Liebe eines Kindes.
Er ruft, er wartet, um Leben zu schenken.
Jesus, der zärtlich Liebende und Heilende,
ruft jeden von uns zur Erfüllung und zum Leben.
Still durchdringt er die Dunkelheit unserer Welt,
unserer inneren und äußeren Welt.
Störend wirkt er nur auf unseren Stolz,
unsere Angst und unsere Verschlossenheit,
um weiter in jedem von uns das Licht zu wecken.[82]

Die Sehnsucht Jesu ist die Sehnsucht,
die Menschen zu lieben, so wie sie sind,
in ihrer ganzen Armut und Gebrochenheit,
mit ihren Maskierungen und Abwehrmechanismen,
aber auch in ihrer ganzen Schönheit.
Seine Sehnsucht ist es,
dass wir als menschliche Wesen Erfüllung finden,
ein jeder von uns, ob »klein« oder »groß«,
dass wir erfüllt werden
von überschwenglicher Freude über das Leben.

Seine Sehnsucht ist es, die Ketten zu lösen,
die uns in Schuld und Egoismus gefangen halten
und uns hindern, auf dem Weg zu innerer Freiheit
und innerem Wachstum weiterzukommen.
Seine Sehnsucht ist es,
die tiefsten Kräfte freizusetzen,
die in uns allen verborgen sind,
auf dass wir Menschen des Erbarmens werden können.
Wir sollen Friedensstifter werden wie er,
nicht den Schmerz und die Auseinandersetzung
in unserer Welt fliehen,
sondern unseren Platz einnehmen,
Gemeinschaft bilden und Orte der Liebe schaffen
und auf diese Weise der Welt Hoffnung bringen.

Jesus trägt im Herzen eine Vision von der Menschheit:
Eine Menschheit, die darauf angelegt ist,
ein Leib zu sein,
in deren Mitte die Schwächsten stehen,
wo alle in Gemeinschaft miteinander verbunden sind
und wo jeder und besonders die Schwächsten
voller Wertschätzung willkommen sind:
Gemeinschaft des Reiches Gottes.

Jesus lässt die Jünger an dieser Vision teilhaben.
Er will nicht nur, dass sie mit ihm eins sind,
dass sie den Vater kennen,
sondern dass sie leben wie er,
dass sie teilhaben
an seiner Vision von der Menschheit,
dass sie mitarbeiten.

Jesus kam, die Mauern niederzureißen,
die die Gruppen voreinander schützten,
und er gab ihnen eine klare Identität.
Er kam, um alle Menschen in seinem Leib
in Einklang miteinander zu bringen,
dadurch dass er Fleisch geworden ist.

Jesus rief seine Jünger zum Unmöglichen auf:
»Liebt eure Feinde;
tut Gutes denen, die euch hassen.
Segnet die, die euch verfluchen;
betet für die, die euch misshandeln.«

Ja, das ist die unmögliche Liebe,
die zu verkünden Jesus gekommen ist,
damit die Menschheit immer mehr eins wird.
Dieser Weg der Gewaltlosigkeit,
der Vergebung und der Versöhnung,
des Akzeptierens von Menschen, die anders sind,
der vorbehaltlosen Hingabe
und Identifikation mit den Armen
wird als eine Gabe des Heiligen Geistes geschenkt.
Dieser Weg wird die Grundlagen
der in sich geschlossenen Gesellschaftssysteme
erschüttern, Diktaturen ebenso
wie einen hemmungslosen liberalen Kapitalismus.
Was Jesus mit der Liebe gibt,
wird eine neue Kraft sein.[83]

Jean Vanier

Seien wir jedoch redlich! Jean Vanier endet seine Gedanken über das Reich Gottes, der Vision Jesu von der einen Menschheit, mit dem klaren Satz: »Es erhebt sich jedoch heftiger Widerstand gegen Jesus und das Reich Gottes im Herzen von uns allen.« Gestern wie heute tun sich Menschen schwer, Jesus zu verstehen, den hingebend Liebenden, der sich in Schwachheit hüllt. Das Christentum ist nicht selbstverständlich. Viele wollen lieber etwas Großes, politische oder soziale Macht als etwas so Kleines wie diese Liebe. Wie viele Christen wollen eine starke und einflussreiche Kirche, an der man in dieser Welt einfach nicht vorbei kommt. Sie denken: Ist die Kirche groß, dann ist auch Gott groß; geht niemand in die Kirche, kann es auch mit diesem Glauben nichts sein.

Jesus ist nicht der überragende, unnahbare, sich gütig und gerecht herablassende Führer, nicht der große König, der die Menschheit in Gerechtigkeit, Harmonie und Frieden neu organisiert. Nach der Speisung der Fünftausend wollten viele, dass Jesus zu solch einem König gemacht würde (Johannes 6). Aber das wollte Jesus nicht, dazu war er nicht gekommen. Er zog sich zurück und fuhr über den See. Dann verkündete er das Geheimnis seines Herzens: »Amen, amen, ich sage euch: Wenn ihr das Fleisch des Menschensohnes nicht esst und sein Blut nicht trinkt, habt ihr das Leben nicht in euch. Wer mein Fleisch isst und mein Blut trinkt, hat das ewige Leben, und ich werde ihn auferwecken am Jüngsten Tag. Denn mein Fleisch ist wahrhaft eine Speise, und mein Blut ist wahrhaft ein Trank. Wer mein Fleisch isst und mein Blut trinkt, bleibt in mir und ich in ihm« (Johannes 6,53–56).

Das ist das Zentrum allen Christlichen: Jesus kam nicht um ein großer Politiker zu sein, sondern ein Liebender,

der sich den Menschen liebevoll zuwendet, der sie befähigt, zu lieben, wie er liebt. Er kam, um seine innige Beziehung der Liebe zum himmlischen Vater zu offenbaren.
Er wollte, dass auch wir in dieses Vertrauensverhältnis gelangen, und zwar dadurch, dass wir in ein Vertrauensverhältnis zu ihm gelangen. Wenn wir sein Fleisch essen und
sein Blut trinken, das heißt die Eucharistie feiern, ist die
Beziehung der Liebe gegeben: seine Hingabe und unsere
von Gott ersehnte Antwort.

Das Volk wollte einen großen, mächtigen Führer, aber
Jesus kam und bot ihnen etwas anderes an: Liebe und Gemeinschaft durch sein »Fleisch«, eine geheimnisvolle, mys-
tische Vereinigung. Er kam, um ein hingebend Liebender
zu sein, er wollte den Herzen dienen, die tiefsten Liebes-
kräfte der Menschen entbinden. Nicht um sie zuerst zur
Freigebigkeit zu befähigen, sondern zur Gemeinschaft, zu
einer Gemeinschaft der Liebe. Hier stehen wir vor dem
Herzensanliegen Jesu. Mehr ist nicht zu sagen.

Der lebendige Kern

• Christlicher Glaube ist Glaube an Gott, der allen
  Menschen nahe ist, ob sie nun an ihn glauben oder
  nicht. Gott hat seine eigenen Wege! Wir, die wir
  glauben, wissen, dass wir es unausweichlich mit dem
  unbegreiflichen Geheimnis unseres Lebens zu tun
  haben, das wir Gott nennen, mit dem Geheimnis,
  das unauflöslich und schweigend auch dann noch uns
  umfasst, unsere Hoffnung und unsere Liebe auch dann
  noch anruft, wenn wir uns um ihn nicht kümmern.[84]

- Wir glauben, was uns Jesus erschließt, ist der Zutritt zu diesem Geheimnis, zum Vater, ist die Unmittelbarkeit zu ihm. Diese Unmittelbarkeit ist aber Unmittelbarkeit durch Jesus und in seinem Geist, ist Hineingenommensein in die Beziehung Jesu zum Vater. Er macht seine Geschichte mit dem Vater zur unseren.

- Wir glauben deshalb, dass das entscheidend Christliche Christus selbst ist.

- Wir glauben, die Kirche ist die Gemeinschaft derer, die im Bekenntnis zu Gott in Jesus Christus eine Gemeinde der Glaubenden bildet, die diese Botschaft von Gott in Jesus Christus aller Welt zum Heil bezeugt. Wir glauben, die Kirche ist mehr als ein Ort von Gleichgesinnten, sie ist der Ort seiner Gegenwart. Denn das ist uns zugesagt: »Ich bin bei euch alle Tage bis zum Ende der Welt« (Matthäus 28,20). Das liegt nicht daran, dass wir uns das zurechtlegen könnten, sondern dass Gott sich für uns entschieden hat. Gott hat sich in Jesus an uns ausgeliefert. Das tut er in jeder Kommunion, und das gilt für unseren Umgang mit ihm immer: Wir können ihn einfach schlucken, einverleiben oder ihn empfangen, ihn wirken lassen in unserem Leben und uns ganz abgeben an ihn.

- Wir glauben, Jesus sucht keine Bewunderer, sondern Nachfolger. Glaube an Gott auf das Zeugnis Jesu hin geschieht als Nachfolge Jesu, als Sich-Einlassen auf seinen Weg, *step by step*. Nachfolge führt zur Weggemeinschaft. Wer den Bruder und die Schwester, den Nächsten neben sich nicht mitnimmt, hat Jesus nicht gefunden.

- Wir glauben, Christentum ist nicht als Ideenwelt, als philosophisches System, als Glückstipp zu haben, sondern nur im Mitgehen und Weitergehen seines Weges zum Vater möglich.

- Jesu Gehen des Weges zum Vater ist der Gang seiner Hingabe für uns, der Gang der Liebe, die sich gibt. Sein Hingehen zum Vater ist ein Ausgehen zu den Menschen, für die er sich gibt. Deshalb ist christlicher Glaube nicht nur überschreitende Wegwendung über alles, was ist – heraus aus den Kalamitäten ins himmlische Drüben, wer wünschte sich das manchmal nicht –, sondern christlicher Glaube ist auch Mitvollzug der Zuwendung Gottes zur konkreten Welt.

- Was ist nun das Christliche? Kurz gesagt:»Wir leben das Leben eines anderen mit. Sonst können wir nicht leben« (Johannes Paul II.). Wir können leben, weil wir das Leben dessen mitleben dürfen, der gekommen ist, unser Leben mitzuleben. Mein Leben in Seinem Leben finden – Sein Leben in meinem Leben mitleben und so Leben werden für die Welt: Das heißt Christsein.

8
Franziskus als Wegweiser

Es gibt unzählige Wegführer auf dem christlichen Weg zum Menschsein. Die Heiligen sind Wegbeschreibungen Gottes. In ihnen zeigt sich wie Gott sich einen Weg zu den Menschen bahnt und der Mensch mit Gott seinen Weg findet. Jede Heiligenvita ist eine originelle Wegskizze Gottes mit den Menschen. Ein heiliger Benedikt, ein heiliger Johannes vom Kreuz, ein heiliger Ignatius von Loyola, eine Mutter Teresa, ein Pater Pio, eine Madeleine Delbrêl oder ein Dietrich Bonhoeffer und viele andere würden uns immer denselben Bogen zum Leben zeigen, freilich in unterschiedlichen Farben: »Mensch, du gehst auf Gott zu, und Gott geht in jedem Atemzug auf dich zu!«

»Egal, ob du glaubst oder nicht, zweifelst oder hoffst, bekennst oder leugnest, ob du Hindu, Christ, Moslem oder einer anderen Weltanschauung angehörst, im Leben und im Sterben: Mensch, du gehst auf Gott zu!« Der Christ aber erfährt noch mehr. Er weiß, was es heißt:»Und Gott geht in jedem Atemzug auf dich zu!« Er sieht Gottes Entgegenkommen in Jesus Christus, leibhaftig konkret. Er weiß in ihm um Gottes Zuwendung und Nähe. Und so spricht er in erfüllter Freude ganz neu:»Mensch, du gehst auf Gott zu, und Gott geht in jedem Atemzug auf dich zu!« Franziskus hat dies auf eigene Art gelebt, wenn die heilige Klara von Assisi von sich und über ihn schreibt:»Der Sohn Gottes ist uns Weg geworden: diesen Weg hat unser seliger Vater Franziskus, der Christus wahrhaftig liebte, durch sein Wort und sein Beispiel uns gewiesen und gelehrt.«[85]

In Gottes Größe groß

Franziskus soll uns hier Wegweiser werden. Franziskus beginnt nicht bei sich. Er sieht weit nach oben. Immer spricht er vom»Höchsten, dem allein Guten, dem allmächtigen Gott und barmherzigen Retter«. Das ist eine Grundmelodie in seinem Leben. Das lässt sich an vielen seiner Gebete zeigen. So betet er nach dem Empfang der Wundmale Christi auf dem La Verna:

Du bist der heilige Herr, der alleinige Gott,
der du Wunderwerke vollbringst.
Du bist der Starke. Du bist der Große.
Du bist der Erhabenste.
Du bist mächtig, du heiliger Vater,
König des Himmels und der Erde.
Du bist der dreifaltige und der eine Herr,
Gott aller Götter.

Du bist das Gute, jegliches Gut, das höchste Gut,
der Herr, der lebendige und wahre Gott.

Du bist die Liebe, die Minne.
Du bist die Weisheit. Du bist die Demut.
Du bist die Geduld. Du bist die Schönheit.
Du bist die Milde. Du bist die Sicherheit.
Du bist die Ruhe. Du bist unsere Hoffnung.
Du bist die Freude und die Fröhlichkeit.
Du bist die Gerechtigkeit. Du bist das Maßhalten.
Du bist aller Reichtum zur Genüge.
Du bist die Schönheit. Du bist die Milde.
Du bist unser Beschützer.
Du bist der Wächter und Verteidiger.
Du bist die Stärke. Du bist die Zuflucht.
Du bist unsere Hoffnung. Du bist unser Glaube.
Du bist unsere Liebe.
Du bist unsere ganze Wonne.
Du bist unser ewiges Leben: großer und wunderbarer
Herr, allmächtiger Gott, barmherziger Retter.

Franziskus fordert seine Brüder auf: »Lass uns alle aus
ganzem Herzen, aus ganzer Seele, aus ganzer Gesinnung,
aus aller Kraft und Stärke, mit ganzem Verstand, mit allen Kräften, mit ganzer Anstrengung, mit ganzer Zunei-
gung, mit unserem ganzen Inneren, mit allen Wünschen
und aller Willenskraft Gott den Herrn lieben, der uns allen
den ganzen Leib, die ganze Seele und das ganze Leben geschenkt hat und schenkt, der uns erschaffen hat, erlöst hat
und einzig durch sein Erbarmen retten wird.«[86]

Das Notwendigste in unserer Zeit ist der Lobpreis Gottes. Der Mensch muss aus seiner pathologischen Selbstum-

kreisung herauskommen um Höhe und Würde wieder zu gewinnen. Lobpreis und Anbetung Gottes sind die Gesundung des menschlichen Geistes. In einer Zeit der Selbstumkreisung, Überreflexion, Selbstüberforderung und des chronischen Argwohns gegen sich selbst, der Analyse und der psychologischen Dauerdurchdringung und Infragestellung, in der der Mensch an sich selber das Seziermesser anlegt, in einer Zeit, wo viele Menschen neben sich stehen und sich in der Selbstbeobachtung fixieren, ist der Lobpreis Gottes, das Grundfinden im guten Grund des Schöpfers fast Notwehr gegen die Selbstzerstörung des Menschen.

Franziskus sagt:»Sieh auf Gott. Bewundere ihn. Freue dich, dass es ihn gibt, ihn den ganz und gar Heiligen. Danke ihm um seiner selbst willen. Lass nicht ab, den lebendigen und wahren Herrn anzubeten. Ein solch betendes Herz ist zugleich leer und übervoll. Dass Gott Gott ist, genügt ihm. Gott ist Gott, in alle Ewigkeit und über alles hinaus, was wir sind und sein können; sich von ganzem Herzen freuen, dass er existiert; sich für seine ewige Jugend begeistern; ihm Dank sagen um seiner selbst und um seiner nie versagenden Barmherzigkeit willen. Sich selbst darin aufgeben. Nichts behalten wollen. Auch das eigene Elend nicht mehr unter die Lupe nehmen. Dann wird das Herz leicht. Alle Sorge, alle Unruhe, jeder Wille zur Perfektion und Vollkommenheit verwandelt sich in ein einfaches, reines Ja zu Gott.«[87]

Franziskus' erste Antwort auf die Frage unseres Weges als Menschen in seiner und unserer Zeit ist schlicht und klar: Gott loben – das ist die natürliche Haltung des Menschen vor Gott. Gott allein ist groß.»Was der Mensch vor Gott ist, das ist er und nicht mehr« (Franz von Assisi). Und vor allem auch nicht weniger, so ließe sich in unserer

Zeit sofort hinzufügen, in der der Mensch nicht mehr an die Größe seiner Berufung glaubt. Menschen wachsen zu ihrer wirklichen Größe, wenn sie nicht sich selbst vergöttern, noch verteufeln, sondern Gott Gott sein lassen. Wir sollen im guten Sinn exzentrisch sein, das heißt nicht aus unserem eigenen Zentrum leben, sondern in und aus ihm und uns von dort her neu empfangen.

Ich muss nicht dichten können wie Goethe, nicht so stark sein wie Mutter Teresa, nicht malen wie Picasso und nicht großartig sein wie Martin Luther King. Aber ich kann lachen, wie ich lache, kann rennen, wie ich renne, denken, wie ich denke und weinen, wie ich weine, und helfen, wie ich helfe. Gott hat mich einmalig wunderbar gemacht. Nicht der Vergleich macht den Menschen, sondern sein Fundament im Schöpfungswillen Gottes. Die Anbetung aber lässt ihn dieses guten Grundes lebendig innewerden. Franziskus sah in jedem Bruder, in jeder Schwester und in jedem Menschen zuerst eine Gabe Gottes, die unvergleichliche Vorgabe Gottes. Aus dieser Sicht wachsen Ehrfurcht und Achtsamkeit.

Franziskus fordert uns auf, Gott mit aller Kraft zu lieben und ihn anzubeten. Das heißt zugleich: Kein Mensch, keine Wissenschaft, kein politisches System verdient uneingeschränkte Bewunderung und Gehorsam. Nur Gott selbst ist letzte und absolute Autorität. Nur ihm gegenüber ist die Haltung der Anbetung angemessen.

Gott anbeten meint mehr als eine Gebetshaltung. Gott anbeten ist eine Lebensform. Es ist ein intuitives Wissen um eine verlässliche Mitte, um die sich alles dreht. Es ist die Sorge, dass in allem Gottes Willen geschieht. Der anbetende Mensch entwirft sein Leben nicht selbst, er verwirklicht sich auch nicht selbst, er verwirklicht sich mit

Gott. Er nimmt sich und sein Leben als von Gott gegeben und geliebt an, er macht sich fest in Gott, er nimmt Maß an ihm und fragt ihn betend: Welchen Sinn hat mein Leben in deiner Sicht?

Den Willen Gottes beständig suchen[88]

Franziskus selber fragt beständig nach dem Willen Gottes in seinem Leben. Bekannt ist sein Berufungsgebet:

Höchster glorreicher Gott,
erleuchte die Finsternis meines Herzens
und schenke mir rechten Glauben,
gefestigte Hoffnung
und vollendete Liebe.
Gib mir, Herr,
das rechte Empfinden und Erkennen,
damit ich deinen heiligen und wahrhaften
Auftrag erfülle.[89]

Das ständige Hören auf das Evangelium ist ihm tägliche Nahrung. Hier findet er Wegweisung. So ist auch die erste Regel des Ordens das Evangelium Christi. Das tägliche Gebet ist ihm Kompass, also »Ein-Nordung« beziehungsweise Ausrichtung auf Gott. Das Evangelium ist ihm Landkarte, Wegbeschreibung. Christus selbst ist ihm darin Weg, in dessen Fußspuren er gehen will. Beides zusammen »schafft« den Weg: Kompass und Landkarte, Gebet und Evangelium. Die Richtungsnadel aber, um im Bild zu bleiben, ist Christus selbst. Mit ihm und durch ihn beten wir und folgen wir dem Evangelium.

Franziskus will »nackt dem Nackten« (Christus) folgen. Dem sich selbstlos öffnenden – sich entblößenden Gott Jesus Christus will er eben so offen und entblößt folgen. Seine Gemeinschaft nennt er zunächst »Männer der Buße aus der Stadt Assisi«. Er formuliert in seinem Testament: »So hat der Herr mir, dem Bruder Franziskus gegeben, das Leben der Buße zu beginnen.« »Buße« aber heißt nicht irgendwelche Leistungen wie Fasten, Werke der Abtötung des Leibes zu vollziehen, sondern beständige Bereitschaft, Gottes Willen zu suchen und ihm zu folgen. In Buße lebt nach christlichem Selbstverständnis der, der sein Leben mit Gott erneuern will, alles, was ihn daran hindert, zu beseitigen versucht, sein Leben neu ordnet, vor allem aber ständig nach Gottes Willen fragt.

Die zweite Antwort des heiligen Franziskus für den Weg des Menschen ist also: Angezogen von der Größe, der Güte und Geduld Gottes, soll der Mensch ganz Ohr werden. Er soll weggehen von sich, von den eigenen Programmen und Lebensentwürfen und hingehen zum Herrn und sich einlassen auf seinen Willen. Das verlangt ein »Überraschungsherz«. Das Gegenteil wäre das »Gewohnheitsherz«.

Der Mensch mit dem »Gewohnheitsherz« weiß schon alles voraus. Er plant und legt alles bis ins Letzte fest. Er ist festgefahren. Auf Gott hören verlangt ein »Überraschungsherz«, ein bewegliches, ein ewig junges Herz. Gebet und Lesen der Schrift sind Herzauflockerungen. Wie viel Glaubensstillstand gibt es durch Herzversagen! Nicht, dass man nicht planen dürfte, aber ich muss mich noch stören lassen können auch hinsichtlich meiner eigenen Lebensvorstellungen. Ich müsste nur dem Wort »eigentlich« nachgehen, um schon etwas von Gott zu hören: »Eigentlich müsste ich« – »eigentlich dürfte ich nicht« – »eigentlich wollte ich schon«.

Der Mensch mit einem »Überraschungsherz« wird diesen Impuls prüfen und mit Hilfe von Kompass (Gebet) und Landkarte (Heilige Schrift) seinen Weg finden. Celano berichtet von Franziskus, dass für ihn schwere Schuld bereits gewesen sei, nicht irgendetwas Gutes zu tun, und Rückschritt bereits, nicht immer auf dem Weg des Evangeliums vorwärts zu schreiten.

Wohnung werden für Gott

Der Mensch, das Menschenhaus, ich, berge ein göttliches Geheimnis in mir. Jeder Mensch ist »Geheimnisträger«. In der Tiefe des menschlichen Herzens wohnt Gott, so ist die christliche Überzeugung. Das lebendige Bild Gottes ist jeder menschlichen Seele eingeprägt. »Du leuchtest in meiner Seele wie die Sonne auf dem Golde« (Mechthild von Magdeburg). »Gott ist mir näher, als ich mir selbst bin« (Augustinus). Gott wartet darauf, dass er von mir, in mir entdeckt wird.

Dies ist der Prozess meiner Berufung, meines Weges als Mensch, dass Gott bei mir durchkommt. Er soll mein Leben bewohnen und prägen können. Liebe, Freude, Frieden, Langmut, Freundlichkeit, Güte, Treue, Sanftmut und Selbstbeherrschung sollen mich erfüllen und mein Sein und Wirken immer mehr prägen. Am Ende des Weges der Reifung sollte ich wie Paulus sagen können: »Nicht mehr ich lebe, sondern Christus lebt in mir« (Galater 2,19).

Franziskus kennt diesen Gedanken auch: »Vielmehr bitte ich in der heiligen Liebe, die Gott ist, dass alle Brüder, sowohl Minister als auch die anderen, sich mühen, alle Hindernisse zu beseitigen und alle Sorge und Besorgnis hintanzustellen, und, wie nur immer sie besser können, mit geläutertem Herzen und reinem Sinn Gott dem Herrn zu dienen, ihn zu lieben und anzubeten; und dies sucht er selber über alle Maßen. Und immer wollen wir ihm dort Wohnung und Bleibe bereiten, der da ist der Herr, der allmächtige Gott, der Vater und der Sohn und der Heilige Geist.«[90] Es ist unsere Lebensaufgabe, Wohnung des Herrn zu werden. Das ist eine weitere Wegweisung für den Menschen auf seinem Weg. Nicht nur dass Franziskus die zerfallenen Kirchen wieder aufbaut und so Gott wieder »Wohnung bereitet«, nicht nur, dass er Maria grüßt: »Sei gegrüßt, du sein Palast. Sei gegrüßt, du sein Gezelt. Sei gegrüßt, du seine Wohnung«[91], sondern er preist all die, die den Willen Gottes tun, »denn auf ihnen wird der Geist des Herrn ruhen, und er wird sich bei ihnen eine Wohnung und Bleibe schaffen, und sie sind Kinder des himmlischen Vaters«.[92]

Unser Lebensweg ist dadurch gekennzeichnet, immer mehr Wohnung des Herrn zu werden. Wer Jesus in sein Leben aufnehmen will, muss sich fragen: Wo wohne ich? Bin ich wirklich bei mir? Bin ich bei mir zu Hause oder auf der Flucht und habe mich mir selbst entfremdet? Bisweilen kennen wir nicht mehr die Tür zu uns selbst oder finden den Schlüssel der Haustüre nicht. Wenn wir tatsächlich den Eingang unseres Menschenhauses betreten und die ersten Schritte durch den Flur wagen, können wir in Bedrängnis geraten. Es ist, als käme uns aus der Tiefe unseres Hauses so viel Unklares, Ungeordnetes und Unverarbeitetes entgegen, dass wir keine weiteren Schritte wagen. Es ist sehr hilfreich und leitet einen Reifungsprozess ein, wenn wir uns von Jesus als Wegbegleiter bei seinem Gang durch das Haus unseres eigenen Lebens an die Hand nehmen lassen.

Jesus reinigt unser Lebenshaus. Wer im eigenen Haus nicht aufräumt, lebt gleichsam in einem Spukschloss, in dem böse Geister und Ängste herumschwirren. Jesus möchte, dass wir das alte Gerümpel hinausschaffen und ihm den Raum anbieten. Er will mir dabei helfen. Schließlich geht es um die Übergabe meines Lebenshauses an den Herrn. Eine heikle Sache. Wir verteidigen unsere Eigentumsrechte am Haus zäh. Wenn der Herr anklopft, sagen wir: »Herr, ich habe dir bisher diesen oder jenen Raum eingeräumt, und ich bin bereit, dir weitere zu öffnen, dir noch mehr Zeit, noch mehr Kraft und Liebe zu schenken. Aber das alles soll unter meiner Führung geschehen!« Haben wir nicht Angst, unser Leben in seine Hände zu geben? Befürchten wir nicht allzu oft, dann zu kurz zu kommen?

Leicht täuschen wir uns. Wir beten zum Beispiel: »Herr, fülle meine leeren Hände!« Wenn wir wüssten, wie gefüllt unsere Hände sind und was wir krampfhaft festhalten. Oder wir sagen: »Herr, ich bin schwach und klein«. Dabei wollen wir so häufig alles selber machen. Oder wir sagen: »Herr, dein Wille geschehe!« Dabei machen wir unsere Pläne, suchen unseren Willen durchzusetzen und bitten den Herrn, er möge damit einverstanden sein, das Geplante zu ermöglichen.

Und manchmal bieten wir ihm das Wohnzimmer an, lassen ihn aber nicht in unseren Keller, wo unsere Erinnerungen geheilt werden und unsere Erwartungen versöhnt werden wollen.

Dem Herrn Wohnung und Bleibe zu schaffen, ihm unser ganzes Leben anzubieten, gehört zum Reifungsweg des Menschen. Das Geheimnis Gottes will mehr und mehr in uns wohnen, das ist die Berufung des Menschen. Nur so werden wir wahrhaft frei. Ich muss es wagen, mehr und mehr ihm den ganzen Schlüsselbund zu allen Räumen meines Lebens zu geben, um in den Frieden mit mir zu kommen.

Pilger und Fremdling

Eine vierte Antwort auf die Frage des Menschen nach seinem Weg gibt Franziskus, wenn er die Brüder auffordert »wie Pilger und Fremdlinge in dieser Welt« zu sein.[93] Wir sind noch nicht daheim. Franziskus weiß, jeder Weg lebt vom Ziel. Der Auszug und das ständige Mühen um ein Pilgerleben hat nur Sinn aus dem Glauben an den kommenden Herrn und seine Welt. Dieser Glaube besagt: Unsere Wohnungen sind im Himmel. Erst dort gibt es die bleibende Stätte, Heimat und die ersehnte Ruhe. Franziskus kannte das Zu-wenig-in-allem. Wir sind auf dem Weg zum ewigen Vaterland. Der Geist Abrahams scheint hier auf: »Ziehe fort aus deinem Land, von deiner Verwandtschaft und aus deinem Vaterhaus in das Land, das ich dir zeigen werde« (Genesis 12,1). Noch mehr bewegt ihn der Geist Jesu: »Die Füchse haben Höhlen und die Vögel des Himmels Nester. Der Menschensohn aber hat nichts, wohin er sein Haupt legen kann« (Matthäus 8,20).

Franziskus kennt den großen »Hinübergang« (Transitus) des Lebens, weil er die kleinen Übergänge alltäglich zulässt. Zu seinen Brüdern sagt er: Sie sollten »nach dem für Pilger geltenden Gesetz leben: unter fremdem Dach wohnen, friedfertig durch die Welt gehen und heißes Verlangen tragen nach dem Vaterland.«[94] Wenn sie unterwegs misshandelt werden, sollen sie danken, weil ihnen dafür das ewige Reich bereitet ist.[95]

Franziskus sagt damit über den christlichen Weg des Menschen: Unser Weg führt immer nach Hause. Halte nicht fest. Es ist eine Heimat jenseits dieser Welt. Das Suchen, Ausziehen, Loslassen, Weitergehen sind Ausdruck einer tiefen Sehnsucht nach letzter Geborgenheit, die nur in Gott gestillt werden kann. Zuhause ist ein anderes Wort für Gott. Heimat ist der Name Gottes. Ihn gilt es zu suchen und all die Menschen, denen wir auf unserem Weg begegnen, sollen wir mitnehmen zum Vater, denn Franziskus sagt, wir lieben unseren Nächsten in dem Maße, wie wir ihn nach Kräften zur Liebe Gottes hinziehen,[96] nicht zu uns, nicht zueinander, sondern miteinander übereinander hinaus. Nächstenliebe ist nicht nur eine liebende Zuwendung zum anderen, sondern eine Hinwendung mit ihm zu Gott. »Brot« allein reicht nicht, Hoffnung in Gott geben: Das ist höchster Dienst am Nächsten. Freilich geschieht dies am konkretesten durch das »Teilen des Brotes«.

Das Spiel: aus Liebe zur Liebe

»Wo soll's denn hingehen?« Der Mensch ohne Woher und Wohin gerät in die Depression, in das angestrengte Selbsterschöpfen. Der christliche Weg ist eine Herausforderung und Einladung, in einer selbstermüdeten Zeit wieder weit über sich hinaus zu schauen. Christus selbst, sein Evangelium will uns Weg werden. Franziskus, die Christusikone des Mittelalters, weist uns auf ihn hin. Er lädt uns ein zum befreienden Lobpreis Gottes, zur beständigen Suche nach seinem Willen. Wir sollen ihm »Wohnung bereiten« und ihm unser Lebenshaus übergeben, dabei bleibt uns eines immer deutlich vor Augen: Wir sind auf

dem Pilgerweg zum ewigen Vaterhaus. Das franziskani-
sche Schlüsselwort zum Weg des Menschen ist das Wort
»Hingabe«, genauer »Hingabe aus Liebe zur Liebe!«

»Behaltet darum nichts von euch für euch zurück, damit euch als Ganze aufnehme, der sich euch ganz hin-
gibt!«, so sagt Franziskus im Hinblick auf die Feier der
Eucharistie, die Jesu Hingabe für uns feiert.[97] Immer antwortet der Mensch auf das, was ihm geschenkt wird. Es ist
ein menschlich-göttliches Spiel von göttlicher Gabe und
menschlicher Hingabe, von Zuwendung und Antwort. Alles Gute kommt von Gott, und wir sollen es uns deswegen
nicht aneignen, sondern Gott zurückgeben, damit wir es
frei neu empfangen. Zu einem großen Spiel des Vertrauens
lädt Franziskus ein.

»Und alles Gute wollen wir dem Herrn, dem erhaben-
sten und höchsten Gott, zurückerstatten und alles Gute als
sein Eigentum anerkennen und ihm für alles Dank sagen,
›von dem alles Gute herkommt‹. Und er, der erhabenste
und höchste, der einzige wahre Gott, möge erhalten, und
ihm sollen erwiesen werden und er möge empfangen alle
Ehren und Ehrerweisungen, alle Lobpreisungen und Be-
nedeiungen, allen Dank und alle Herrlichkeit, er, dem jegliches Gute gehört, der allein gut ist.«[98]

Was dahinter steckt, bringt folgende Geschichte sehr
gut zum Ausdruck. Sie lautet:[99]

Die Kugeln

Es war einmal ein großer, weiser Mann. Der holte eines
Tages einen kleinen Jungen zu sich und wollte ihm das
schönste Spiel beibringen; denn er liebte den Jungen.

Er sammelte Kugeln aus herrlichem bunten Glas und sagte zu ihm:»Sieh her, ich werde dir jetzt eine Kugel nach der anderen zuwerfen. Jede hat eine andere Farbe und einen anderen Namen. Diese heißt Freude, die dort Arbeit, die da drüben Friede, jene Liebe, diese Leid. Und du sollst mir jede sofort zurückwerfen, das ist der Sinn des Spiels: das Geben und Nehmen im Wechsel. Nur im Flug glänzen die Kugeln so hell, wie sie sollen.«

Das Spiel begann, und zwischen Geben und Nehmen schimmerten die Farben der Kugeln. Und das Spiel war sehr gut. Aber dann wollte der Junge die schönste Kugel festhalten. Er drückte sie fest an sich, sie zerbrach. Vor Schreck vergaß er, die nächste zu fangen ... Sie lag in tausend Scherben am Boden. Und je mehr er versuchte, die Kugeln zu halten, desto größer wurde der Haufen Scherben um ihn herum. Dabei zerschnitten sie ihn, und er blutete.

Das tat dem Mann, der ihn liebte, sehr leid. Er bückte sich und trug die Scherben weg. Und jede Wunde, die er selbst dabei bekam, heilte eine Wunde des Jungen. Schließlich war er so zerschnitten, dass eine Fortsetzung des Spiels unmöglich schien. Doch er stand auf, bereit weiterzuspielen. Diesmal hatte der Junge begriffen. Als die Freude kam, warf er sie wieder dem Mann zu, und sie glitzerte im Flug. Als das Leid kam, macht er es ebenso. Im Flug änderte sich die Farbe des Leids in Freude. Jede Bewegung des Jungen war nun auf den Mann ausgerichtet. Und siehe, das Spiel war sehr gut.

Franziskanische Inspiration

- Das Notwendigste in unserer Zeit ist der Lobpreis Gottes, eine Notwehr gegen die Selbstzerstörung des Menschen. Die Freude an Gott heißt den guten Grund des Lebens finden und selbst zu entkrampfen.

- Suche den Willen Gottes beständig, denn er ist dein Friede. Durch das tägliche Hören auf das Evangelium, das lauschende Ohr des Gebetes und den täglichen Begegnungen kannst du die Spur zum Leben finden. Angezogen von der Größe, Güte und Geduld Gottes werde fähig für die Überraschungen des Tages.

- Werde Wohnung für Gott. Er soll dein Leben bewohnen und prägen. Wer ihn bei sich einlassen will, muss bei sich selber zu Hause sein und nicht auf der Flucht. Er muss ihm alle Räume seines Lebens übergeben wollen.

- Du bist Pilger und Fremdling. Das Suchen, Ausziehen, Loslassen und Weitergehen gehören zu unserem Weg als Menschen. Lebe abschiedlich! Lebe begrüßend! Heimat ist im Letzten allein ein Name Gottes. Nächstenliebe ist im entscheidenden, den Anderen hineinzuziehen in diese bergende, letzte Heimat, in dem wir einander Heimat gewähren.

- Willige ein in das große Spiel der Hingabe, aus Liebe zur Liebe. Öffne alles beständig auf Gott hin, halte Jesus dabei fest im Blick, damit du neu empfängst, was du gibst und gibst, was du empfängst.

Auf das Leben Jesu gründend hat Franziskus gezeigt, was es mit dem Menschen ist und wie es mit dem menschlichen Leben glücken kann, wenn Gott selbst das Glück, ja die Erfüllung ist. Was für ein Glück dürfen wir erwarten, hier und heute?

9
Der Christ im Glück

Zum Christsein gehört, sich daran erinnern zu lassen, wer ich bin. Daran, wie Gott, der Schöpfer mich und diese ganze Welt gemeint hat. Und daran, worauf es hinauswill mit mir und dieser Schöpfung. Alles, was Jesus getan und gesagt hat, wie er war, hat nur eines zur Mitte: dass wir erahnen, ja wieder begreifen, was es um uns ist, uns vergängliche, zerbrechliche Wesen, deren Sehnen und Hoffen dennoch ins Unendliche greift.

Woran erinnert uns der Glaube auf dem Weg zum erfüllten Glück?[100] Die Welt und wir sind geschaffen, das heißt, der Christ ist überzeugt, dass unsere Welt nicht durch Zufall entstanden ist. Der Mensch ist nicht das Nachträglich-Zufällige, sondern das Vorgängig-Schöpferische. Deshalb hat die Wirklichkeit an sich Sinn. Der Mensch kann sich im Spiel des Lebens darauf verlassen, dass Gott mit auf dem Spielfeld steht, und darauf setzen, dass er die letzte Runde gewinnt. Das gibt Mut zum Wagnis. Er kann die Zuschauerrolle aufgeben. Er weiß, für wen er lebt, wohin er geht und wem alles Leben sein Leben verdankt. Die in der Auferstehungsbotschaft (1 Korinther 15,14–19.32–34) eingeschlossene Erwartung eines neuen Himmels und einer neuen Erde, die positive Gewissheit, dass Kosmos und Geschichte nicht auf einem Müllhaufen enden, lässt die zerbrechlichen Augenblicke des Glücks aufgehen in einen letzten tragenden Grund.

Christen glauben, dass Gott allein die letzte Glückseligkeit ist. Das heißt, der Christ muss diese Welt nicht überfordern. Sie muss ihm nicht zum Gottesersatz werden. Das bringt eine Gelöstheit von Gott her, die ihn von vielen Zwängen und falschen Göttern erlöst. Mit dem Psalmbeter spricht er:»Mein Glück ruht in dir ganz allein« (Psalm 16,2). Kein Haus, kein Auto, kein Mensch, kein Kind und kein Partner ist meine Glückseligkeit. Mein Glück vielleicht, aber nicht meine Glückseligkeit. Das heißt aber auch, ich gebe das Haus, das Auto, den Menschen, das Kind und den Partner an sich selber frei.

Etwas aber an sich freigeben können, heißt lieben, und das heißt, im Glück sein. Es kann sein, was es ist. Die Rose ist eine Rose, ist eine Rose, ist eine Rose, und das ist mein Glück. Er/Sie kann sein, wer er/sie ist. Mein Freund ist dieser Freund, dieser Freund, dieser Freund, und das ist mein Glück. Welche Freiheit! Welches Glück! Dazu aber muss man sich ganz auf den verlassen, der alles zum Guten führt bei denen, die ihn lieben (vgl. Römer 8,28). Dieses Verlassen aber kommt dem selbstzentrierten Ich vor wie ein Sterben und ist ihm überaus bitter. Der Weg zum christlichen Glück führt immer über den gleichen Pfad:

»Wer sein Leben gefunden hat, der wird es verlieren, und
wer sein Leben verliert um meinetwillen, der wird es finden« (Matthäus 10,39). Das kommt dem Ich wie ein Unglück vor und ist doch sein größtes Glück. Dieses Unglück
ist sein Glück.

Die Glücksbotschaft Jesu

Diesen Weg hat uns Jesus gewiesen in seiner Botschaft vom
Reich Gottes, in seinem Weg nach Jerusalem, im Tod am
Kreuz und in seiner Errettung von Gott dem Vater her. In
seiner Botschaft vom Reich Gottes hat er uns schlicht gesagt: »Sucht zuerst Gottes Reich und seine Gerechtigkeit,
dann wird euch all das hinzugegeben« (Matthäus 6,33)
– auch das Glück.

Wir stocken berechtigterweise, wenn wir fragen:
War Jesus glücklich? Ist es sein Bestreben gewesen, sei-
ne Jünger glücklich zu machen? Ist seine Botschaft eine
Glückslehre?

Nun, Glück ist wohl nicht ganz die richtige Vokabel
für das, was Jesus gelebt, gelehrt und verheißen hat, wenn
Glück bedeutet: Wohlergehen, geruhsame Zufriedenheit,
das Gelingen des persönlichen Lebensbogens, Wohlstand
und langes Leben, dann war Jesus nicht glücklich und hatte
auch kein besonderes Interesse, dieses Glück bei anderen zu
fördern. Der reiche Kornbauer wird ein Narr genannt, weil
er glaubte, sich ein gesichertes Glück selbst erwirtschaftet
zu haben. Nicht die vordergründigen Glücksgüter stehen
im Blick der Botschaft Jesu. Sie kann es durchaus geben,
aber immer nur unter Vorbehalt (vgl. Markus 10,28-30).

Jesus ging es nicht um Güter, sondern um die Güte.

Diese Güte hat für ihn ein Gesicht: den einen Guten, den Vater. Und genau darin ist Jesus im Glück. Das Glück Jesu ist aber kein sehnsucht- und leidfreies Glück, kein Glück im Sinne einer gelassenen Selbstversöhntheit ohne Vermissen und Erwarten. Ein solches rundes Glück lässt sich an Jesus nicht festmachen. Jesu Glück ist Glück inklusive Schmerz, und bei aller Missverständlichkeit der Aussage finden beide, Glück und Schmerz, sogar in ihm zusammen.[101] In seinem Schmerz, dem Nein der Menschen, hält er uns in das Glück, das »trotzdem Ja« des Vaters. Das ist sein Glück.

Diese Grundbewegung findet sich immer wieder im Zeugnis der Heiligen Schrift. Jesus jubelt »voll Freude, vom Heiligen Geist erfüllt« (Lukas 10,21) über die Kleinen, denen der Vater sich eröffnet. Er freut sich darüber, dass er teil geben darf an seiner Verbundenheit mit dem Vater. Jesu Glücksjubel ist die überwältigende Freude, dass nicht alles bleiben wird, wie es ist, sondern dass sich ein grundlegender Wandel anbahnt, eine Veränderung von Grund auf. Es ist die Freude darüber, dass Menschen, die im Abseits stehen, ein Licht sehen, Kraft finden und Hoffnung schöpfen. Das Glück Jesu ist, Hoffnung zu eröffnen, indem er uns den Vater zeigt, der seine Sonne über Gute und Böse aufgehen lässt (vgl. Matthäus 5,45).

Jesus heilt. Er ruft »Effata« – tu dich auf – öffne dich! (Markus 7,34). Krumme gehen gerade, Aussätzige werden rein, Stumme und Sprachlose reden. Hier geschieht Glück, hier entsteht neue Gemeinschaft aus einer neu eröffneten Gemeinschaft mit Gott. Das ist das Wunder in den Wundern. Das Kreuzesereignis ist die Vollendung dieser Bewegung. Jesus am Kreuz ist die Offenheit des Vaters – unser und sein Glück in seinem Schmerz. Jesu Glück ist, anderen den Vater mitzuteilen. Darin mitzuwirken, das ist unser tiefstes Glück.

Jesu Glück ist, den freien Zugang zum Vater zu schenken und damit eine Hoffnung zu stiften, die Kräfte entfaltet und Mut macht zum eigenen Tun, so dass er zu uns in unserem Unglück spricht:»Steh auf, nimm deine Bahre und geh!« (Johannes 5,9). Jedoch der christliche Glaube macht Menschen unglücklich, die meinen oder erwarten, dass er sie schmerzlos glücklich machen müsste. Eine größere »Tröstung« als seinen heiligen Geist hat er nicht in Aussicht gestellt (zum Nachlesen: Lukas 11,1–13).[102] Dieses Trostversprechen rundet das Leben aber nicht einfach ab, sondern reißt es auf. Der Heilige Geist ist drängende Tröstung. Er ist Trost im An- und Wegruf zum Vater hin.

Die Glücksrede Jesu

Jesus hat eine große Rede über das Glück hinterlassen: die Bergpredigt.[103] Sie zeigt die Glückswürdigkeit der Botschaft Jesu.

»Makaroi«, glückselig die im Geist Armen;
denn ihnen gehört das Himmelreich.

Glückselig die Trauernden;
denn sie werden getröstet werden.

Glückselig die Sanftmütigen;
denn sie werden das Land erben.

Glückselig, die hungern und dürsten
nach der Gerechtigkeit;
denn sie werden satt werden.

Glückselig die Barmherzigen;
denn sie werden Erbarmen finden.

Glückselig, die ein reines Herz haben;
denn sie werden Gott schauen.

Glückselig, die Frieden stiften;
denn sie werden Söhne Gottes genannt werden.

Glückselig, die um der Gerechtigkeit willen
verfolgt werden;
denn ihnen gehört das Himmelreich.

Glückselig seid ihr,
wenn ihr um meinetwillen beschimpft und verfolgt
und auf alle mögliche Weise verleumdet werdet.

Freut euch und jubelt:
Euer Lohn im Himmel wird groß sein

Matthäus 5,3–12

»Mákares« im Griechischen ist das Glück, das allein den Göttern vorbehalten ist. Auf den Menschen angewandt, bedeutet es die Teilhabe der Menschen am leidlosen Glück der Götter. Die Verwendung im Neuen Testament meint so ein Äußerstes an Glück, das sonst im Alltäglichen nicht angetroffen wird.[104]

Wie diese »Seligpreisungen« deutlich zeigen, kann man wohl nicht im Sinne Jesu nach dem »Glück« fragen, wenn man sein Glück für das Wichtigste hält. Wichtiger als das eigene Dasein ist ihm wie auch dem, der ihm nachfolgt, das Dasein der anderen und das Schicksal der Welt. Aber genau darin, paradoxerweise ohne es zu intendieren, wird er glücklich. Jesu geschenktes Glück ist das Glück der Hoffnung. Er sagt: Ihr seid glücklich! Jetzt. Hier. Aber ihr seid glücklich, weil ihr an der Zukunft des Gottesreiches teilhabt. Ihr seid nicht für den Augenblick glücklich, sondern auf Dauer. Das ist die Grundbotschaft der Bergpredigt.

Zum Glück haben wir den Glauben

Die vom Geist geweckte und in Jesus begründete Hoffnung macht mich ganz offen im Vertrauen auf den, der uns nötiger ist alles Nötigste, auf Gott den Vater. Die Offenheit für den Vater ist Jesu und unser Glück. Der christliche Weg zum Glück verweist auf Gott als den letzten Ort der Glückseligkeit. Darin wird die Welt und der Mensch zu sich selber frei. Wer weiß, wo die letzte Glückseligkeit ist, kann das je gegebene Glück empfangen und gehen lassen. Das Christentum weiß: Zu unserem Leben gehören glückliche und leidvolle Stunden, das ändert sich auch nicht durch die Frohbotschaft Jesu, auch nicht durch unseren Glauben. Nein, die Erwartung wird sogar ins unermesslich Ausgespannte gesteigert bis zum schmerzhaften Vermissen und Klagen. Aber das Leben büßt den Charakter des Verlorenseins ein. Darin findet der Glaubende den Frieden. Man mag dies Glück nennen. Es ist die Farbe der Hoffnung.

Die Hoffnung ist uns für diese Erde gegeben, so auch für das kleine Glück des warmen Bades, des guten Weines und der gelungenen Begegnung. Der Geschmack des drängenden Trösters eignet sich jedoch nicht für das sich selbst verschließende kleine Glück. Er spricht uns das Recht ab, uns als endgültig und absolut aufzuspielen und dies gerade auch in unseren Glücksvorstellungen vom Leben. Die Hoffnung geht vom Tod zum Leben. Sie überwindet die Stagnation der Selbstzufriedenheit ebenso wie die Resignation der Mutlosen. »Hoffnung ist der Glaube an Gottes Vollendungsmacht« (Romano Guardini). Was für ein Glück ist die Hoffnung!

Die Hoffnung des Menschen

Das sich von Gott her empfangend-schenkende Leben steht unter der von Christus verbürgten Hoffnung ewigen Lebens. Und hier bekommt das christliche Menschenbild seinen letzten Akzent. Wer auf Tod und Auferstehung Christi schaut, für den ist nichts ausgeschlossen von der universalen Heilsmöglichkeit Gottes, der in der Ohnmacht der Gnade, der versöhnenden Kraft des Leidens und in der Herrschaft sich hingebender Liebe, inmitten des Elends, hier und heute den Tag des Heils beginnt.

Das ist eine harte Rede, und man möchte widerstreben. Aber nur so hat Jesus Christus den wirklich Hoffnungslosen auf dieser Welt die Hoffnung Gottes gebracht. Die Zukunft des Menschen hat im gekreuzigten und auferstandenen Messias schon begonnen. »Wer glaubt, flieht nicht mehr, weder in die unberührbare Ironie, noch in die trotzige Utopie. Er flieht nicht sozialromantisch in die goldene

Vergangenheit. Er emigriert nicht innerlich in die Reinheit des Herzens. Er verliert sich auch nicht mehr in Träume von einer besseren Welt. Er findet überraschenderweise ›Frieden mitten im Streit‹ und das versöhnende Ja mitten im berechtigten Nein« (Jürgen Moltmann).

Das christliche Menschenbild vertritt keinen billigen Optimismus, es verniedlicht nicht die Situation des Menschen.[105] Der Glaube an den gekreuzigten und auferstandenen Herrn ist unser Realismus mit einer außerordentlichen Portion Hoffnung. Es ist ein »hellsichtiger Realismus«. Die Hoffnung aber ist eine Zukunft, die auf mich zukommt und nicht von mir gemacht wird. Das ist Hoffnung im christlichen Sinn. Sie ist Hoffnung gegen alle Hoffnung, Hoffnung der Zukunftslosen.

Nicht die Prognose über einen Menschen ist entscheidend. Gegenüber einem Behinderten, dessen Zukunft im Sinne der Prognose gering ist, kann ich immer noch eine Hoffnung aussprechen und mit ihm leben, die von Gott auf ihn zukommt. Gott wird an jenem Tag alle Tränen abwischen. Und wir haben die Zusicherung Gottes, dass bei der Auferstehung des Fleisches alles Gute im Himmel und auf Erden in allen Umwandlungen nicht verloren gehen wird. »Ewiges Leben« heißt der alte Name für solches Glück ohne Ende. Diese Hoffnung macht uns heute menschlich, wenn ich Träger dieser Hoffnung sein will.

Der hoffende Mensch

ECCE HOMO

Weniger als die Hoffnung auf ihn
das ist der Mensch
einarmig
immer
Nur der Gekreuzigte
beide Arme
weit offen
der Hier-Bin-Ich

Hilde Domin[106]

Der wahre Mensch, der von Gott her lebt und auf den
Menschen zulebt, der Mensch mit beiden Armen, Jesus, ist
nicht utopisch: Er existiert, es gibt ihn, und indem wir mit
ihm verbunden sind, ist Hoffnung Gegenwart, keineswegs
bloße Zukunft. »Wer hofft«, sagt der heilige Bonaventura,
»muss das Haupt erheben, indem er seine Gedanken nach
oben richtet, zur Höhe seiner Existenz, das heißt zu Gott.
Er muss seine Augen erheben, um alle Dimensionen der
Wirklichkeit wahrzunehmen. Er muss sein Herz erheben,
indem er sein Fühlen öffnet für die höchste Liebe und für
all ihre Reflexe in der Welt. Er muss auch seine Hände
rühren in der Arbeit«.[107]
Der hoffende Mensch ist der beherzte Mensch. Er ist der
Mensch mit Herz, der den Menschen, trotz allem Gräuel
und Grauen, nicht an sich verloren gehen lässt, denn er
hofft, dass die ganze Welt von Gottes Zukunft neu zu erwarten ist. – Menschen mit Herz, wer ersehnte sie nicht?

Schlusswort oder Am Anfang des Weges

Verwechseln wir Gott mit den großen Gefühlen? Zielt unsere Gott-Suche auf eine Illusion? Malt die Sehnsucht nach Leben und Glück einen Gott an den Himmel, als den großen Erklärer, den großen Wärmer und den Tröster? Das sind keine geringen Fragen! Es sind altbekannte Fragen aus der Religionskritik.

Sie gehören in ihrer läuternden Funktion auch in jede geistliche Lebenspraxis. Aber es muss noch tiefer und noch abgründiger gefragt werden: Sucht der Mensch hier nicht wieder nur nach sich selbst, nach seinen »Produkten« und »Projektionen«? Ist das ständige Fragen vom Menschen her und auf ihn zu, nicht die größte Falle für den Menschen, weil er seine entscheidende Bezugsgröße, den nicht »erdachten« und »erwünschten« Gott verliert? Diese letzte Frage positiv zu beantworten, heißt mit der Moderne zu brechen. Das bedeutet nicht, dass der Mensch je die Frage nach sich selbst ausblenden dürfe und könne. Das hieße ihn abschaffen. Nein, die letzte Frage positiv zu beantworten und eben nicht immer schon im Erwartungshorizont des Menschen die Antwort zu erhoffen, das hieße im Suchen *hören* lernen, und wir wären aus dem Bereich des allgemeinen religiösen Suchens in das Land der Verheißungen des Glaubens eingetreten. Ist das nicht an der Zeit, wo wir zunehmend an uns selbst ermüden?[108]

Geben wir uns darüber Rechenschaft. Weniger philosophisch, aber alltäglicher gesprochen: Sollten wir von Gott so reden, wie man Glühwein auf dem Weihnachtsmarkt trinkt – wohltuend konsumierend? Mit der Sehnsucht des Menschen und der Gottesfrage lässt sich gut hausieren. Die Klaviatur ist schnell gespielt, auch auf dem religiösen Büchermarkt. So glatt darf es um der Menschen und um Gottes Willen hier nicht gehen.

Sicher ist: Untergründig ist ein zahnwehhaftes Vermissen zu spüren. »Uns geht es gut im schönen Land. Wir sind unzufrieden«, schreibt Martin Walser in seinem Gedicht »Hiesiger Lebenslauf«. Nicht entscheidend Großes mag unser Herz noch zu fassen. Wir werden durchökonomisiert, innen und außen. Wie aber eine andere Lebenskultur aufbauen? »Neckermannversandhauskatalogsgrößen« ringsherum. Es läuft und läuft doch nicht. Lieber nicht hinschauen. Lieber verdrängen und überspielen oder im Tempo untergehen. Genau deshalb ist es nicht verwunderlich: Die Sehnsucht erwacht, und manchmal treibt sie Seifenblasen. Die postmoderne Spiritualität ist das sehnende Suchen. Ein religiöses Wittern überall.

Doch immer wieder der psychologisch geschulte skeptische Einwand: Statt sich der Endlichkeit bescheiden anzunehmen, phantasiert sich der Mensch das Bündel seiner unerfüllten Träume, seiner ungelösten Rätsel aus seinem

Schlusswort

Kopf und seinem Herzen hinaus. Vielleicht, seien wir redlich, malt die Sehnsucht an unsere Eishöhlen nur bunte Blumen, möglicherweise bizarre Eisblumen!

»Ist doch egal«, sagen die einen, »Hauptsache, du hast irgendetwas, was dich trägt.« So denken andere auch über die Suche nach dem lebendigen Gott. Wer ist da schon sicher? Die Sehnsucht ist ein wackliger Bote. Aber kann man, statt auf Unsinn und Absurdität, auf einen letzten Sinngrund und Erfüllung trotz aller Gegenanzeigen setzen? Abschließend lässt sich hier nichts beweisen. Die Sehnsucht weist nur eine Richtung und längst nicht immer die richtige. Die Frage bleibt, die jeder in seinem Leben beantworten muss, nicht allein im Kopf, sondern ganz konkret, ganz praktisch: Ist es weniger sinnvoll, sich für die Hoffnung, die tatkräftige Wege für sich und andere schafft, stark zu machen als für den nagenden Zweifel und den Zynismus? Nicht alles macht Sinn, was man glaubt. Hier muss sich mancher »Glaube« Rückfragen gefallen lassen. Und doch, der Glaube ist mehr als nur Sinnstiftung. Er geht über jeden momentanen Sinn hinaus. Der christliche Glaube lebt die Hoffnung, auch *gegen* die Realitäten! Gerade deshalb hat dieses Buch am Ende über das Urgestein abrahamitischen Glaubens gehandelt: die Hoffnung.

Die Sehnsucht sagt am Ende nichts, wenn es keine Antwort auf sie gibt, wenn sich Gott nicht selber gibt! Es geht im Entscheidenden darum, ob wir an einen in der Geschichte real handelnden Gott glauben, an Offenbarung, bei allen denkerischen Herausforderungen, die das von uns verlangt, oder lediglich an existenzerhellende Phantasien. Tatsachen ohne Sinn sind blind, Sinn ohne Tatsachen aber ist leer. Dies muss heute gegen eine rein existentielle Sicht des Glaubens gesagt werden, die den Glauben mit einer

Uminterpretation der Wirklichkeit gleichsetzt, ohne dass die Welt der Tatsachen sich verändern darf und muss. Die Sehnsucht ist am Ende nichts, wenn sie nicht mit dem Anderen rechnet, jenseits von ihr, der die ganze Wirklichkeit ergreift. Der unbekannte Gott jenseits meiner Vorstellungen ist das Grundthema dieses Buches. Der Glaube ist nicht einfach die Verlängerung unserer Sehnsucht; der mancherorts beschrittene Weg scheint darum zu einfach. Glaube ist nicht »nur« eine Antwort zur Lebenssteigerung. Wird das Religiöse oder sogar Gott nicht auch im »öffentlichen Gebrauch des Christentums« vorgespannt als eine neue Art von Stimmungskanone, eine neue Energiequelle *für mich,* eine Werte- und Sinnstiftungsanstalt für unsere Gesellschaft? Das mag Glaube ja sein, aber ist er das im Wesentlichen?

In manchen mystischen Neuaufbrüchen unserer Zeit ist das berauschend schöne Wort zu hören: Suche Gott in dir! Doch hoffentlich nicht als »Ego-Design«! So wie man sich von »JOOP« ein Modekreuz umhängt, weil es so schön passt. Die gesellschaftliche und private Sehnsucht vergreift sich auch an Gott, nicht nur am Alkohol, an Kindern und an Partnern!

Wenn hier nach dem Glück des Menschen gefahndet wurde und dem wirklichen Leben auf die Spur gekommen werden sollte, dann nicht als Vereinnahmung, Inbesitznahme und in die Verfügung zwingendes Begehren und Denken. Gott ist der freie Bundespartner, der Mensch der zur Freiheit befreite Partner.

Mit der Sehnsucht lässt sich gut hausieren, und viele tun es. Die Differenz soll gewahrt bleiben: Der Hunger füllt nicht schon den Kühlschrank. Der Durst schafft nicht die Quelle. Und Gott, bedient er einfach unseren Hunger und

Durst? Ist das so? Erfahre ich das so? Die in diesem Buch vorgetragenen Gedanken wehren sich gegen die Verharmlosung und Banalisierung Gottes und wollen gerade so von einem anderen Glück und einem anderen Leben sprechen.

Als wäre
deine Gnade aus Zucker,
als schmeckten wir nicht heftig
das Salz,
die Asche,
den Sand auf den Zähnen,
als hättest du dich
uns nie zugemutet.

Gottfried Bachl[109]

Wir werden Gott und unserem Leben nicht gerecht, wenn wir den Weg der Sehnsucht nach dem unbekannten Gott zu harmlos angehen. Es wäre nur religiöser Kleister, der uns bald ebenso enttäuscht wie jeder andere Trip.

Du bist
die Liebesmarmelade geworden,
Jesus,
die über unsere Befürchtungen
gegossen wird,
ganz vergeblich,
denn wir brauchen dich
in deiner groben
Frische.

Gottfried Bachl

Auf welchen Gott richtet sich unsere Suche? Diese Frage steht vor allen Ausführungen und durchzieht immer wieder den vorgelegten Gedankengang. Ersticken wir ihn im Sehnsuchtspinnennetz? »Unser Gott – der passende Gott – ist weder zum Fürchten noch zum Verlieben. Fängt jemand damit an, wird er schnell in die fundamentalistische oder charismatische Ecke gestellt« (Franz Kamphaus). Mit Gott Ernst machen heißt zuerst: »Was willst du, Gott, von mir?«, denn ich traue ihm das Tiefste und Höchste für mich zu, und genau deshalb fragt er mich paradoxerweise zugleich: »Was willst du, dass ich dir tun soll?« (Markus 10,51).

Die Sehnsucht ist ein großer und zugleich ein heikler Weg zu Gott, wenn sie nicht die Sehnsucht nach dem »ganz Anderen« nach dem »lebendigen Gott« in sich trägt. Auch der Gotteshunger muss erlöst werden! Glauben bedeutet »Umbau des Wirklichkeitsbewusstseins« (Romano Guardini). Wie ist das zu verstehen? Umbau heißt ja immer: Vertrautes abbauen. In diesem Buch wird ein Weg des Abenteuers mit Gott vorgeschlagen. Ehrfurcht, Ruhe und Mut zur Stille sollen helfen, den Menschen, Gott und die Welt neu zu sehen. Sie sind nicht einfach harmonieträchtig. Sie sind zu einem guten Teil Umbauarbeiten.

Sollte das Wort »Gott«, der Gedanke »Gott« nur dazu gut sein, Gefühle der Bewunderung für das Schöne der Welt auszudrücken und Gefühle des Bedrücktseins über all das Verkehrte und Unglückselige zu kompensieren und auszugleichen? Nein, der Glaube an Gott liegt nicht auf der Linie der vordergründigen Weltharmonie, sondern er ist gegen etwas durchzusetzen und durchzuhalten. Ja, der Glaube ist Weltüberwindung, um sie neu zu empfangen. Er ist die Überwindung unserer Konzepte. Das Tor zur

Transzendenz ist nicht der Begriff, noch das Begreifen, sondern die *Beziehung*. Der Glaube ist ein Auswandern und Standfinden in Gott selbst. Er hat mit Ich-Loslösung und Freiwerden für den anderen zu tun.

Der Glaube ist der Umbau meiner Maßstäbe, von mir weg, um von Gott her die Welt, die Mitschöpfung und mich anders, ja ganz anders zu sehen. Da geht eine Welt unter, und da geht eine neue Welt auf. Dazwischen aber liegt die Nacht, das Zerreißen unserer Konstrukte, ja auch der Schmerz, das Nicht-Verstehen, das Hoffen wider alle Hoffnung, der Glaube an den, bei dem nichts unmöglich ist. Hier geht die Sehnsucht nicht schnurstracks. Hier wird sie verwandelt. Der »ganz Andere« geht auf, der mir doch nicht fremd ist. Die Sehnsucht muss die Sehnsucht nach dem »ganz Anderen« in sich tragen, um wahr zu werden. Das lässt sich gerade an Franziskus zeigen.

Denn was zu befürchten ist: In der Gott-Suche auf mich hereinzufallen und im eigenen Spiegelsaal der Selbstphantasien zu landen. Der religiöse Narzissmus ist ein tief sitzendes Kraut. Das Leben braucht noch ganz andere Antworten, als wir sie an der Hundeleine unserer Sehnsucht wittern. Der Blick in die Heilige Schrift mit ihrem Wärme- und Kältestrom, dem nahen und dem fernen Gott, mit Jesus, der den Verlorenen nachgeht und mich aufschreckt mit seinem Gerichtswort: »Ich kenne dich nicht!«, das ist nicht so einfach zu glätten – doch kann ich alles erhoffen. Die herbe Frische des lebendigen Gottes sollte uns lieber sein als der Einheitsbrei. Deshalb brauchen wir auch den Bruder und die Schwester neben uns, deshalb die Gemeinschaft der Glaubenden durch alle Zeiten hindurch, die Kirche – auch als aufstörende Kirche –, damit wir uns nicht in unseren Wunschgespinsten verfangen. Man kann nicht alleine bei

Gott ankommen, das ist christliches Selbstverständnis. Der Andere, Gott, zeigt sich eben am liebsten im anderen neben mir – auch wenn mir da manchmal ganz anders wird.

Die Menschwerdung Gottes zeigt es: Gott scheut nicht den Hautkontakt, und es geht nur über diesen Hautkontakt zum anderen zu Gott. Den Himmel gibt es nur im Zweierpack, mindestens! Mystik und Versenkung ohne Einbezug der Schöpfung und des Nächsten werden sonst zur Verrenkung.

»Gott suchen – Mensch werden«: Die Überlegungen zum »Mehrwert des Christseins« zielen auf mehr als die Schöpfungen unserer eigenen Religiosität und das, was wir für Gott halten. Es geht um den Dialog mit dem lebendigen Gott und damit um den Dialog mit der Wirklichkeit, die alles Geschriebene übersteigt.[110]

Über die Namen der Dinge hinaus, über die Sprache
hinaus, über die Wissenschaft hinaus, über die Begriffe
hinaus – in die FREMDE, wie Abraham, dem geheißen
war: Zieh fort aus deiner Heimat, fort aus deiner Stadt,
fort aus dem Haus deines Vaters, fort … und geh in das
Land, das ich dich schauen lassen will …

Geh, verlaß die Heimat, die Welt, darin du geboren
bist, darin du dich eingerichtet hast – das Haus voll von
Namen der Dinge, die um dich sind …

Laß dieses Haus hinter dir, geh! Dann wirst du, vielleicht wirst du dem Anderen begegnen, für das du weder
Namen noch Wissen noch Begriffe hast, dem ur- und in-
gründig Wirklichen und Wirkenden begegnen. Du wirst
»schauen« …

Und wenn du dann in das Land Chaldäa, in das Haus
deines Vaters und deiner Mutter und deiner Brüder zu-
rückkehrst, du wirst zurückkehren,

dann werden dich die Namen an das Namenlose,
die Sprache an das Unaussprechliche,
die Begriffe an das Unbegreifliche erinnern,
dann wird noch ein anderes in deinem Haus wohnen
– das Andere, das Fremde, das – Mysterium.

Dann ist kein Ding mehr, was es dir zuvor gewesen,
ein jedes, eins um das andere, wird dir einen Namen
sagen, den du nicht nachsprechen kannst.

Und dann wird dir, vielleicht wird dir dann aus allem
und jedem, das um dich ist, das Unnennbare erscheinen,
und du wirst jene Stimmen hören, die du noch nie gehört, sehr nah und gewaltig wirst du sie rufen hören:
ICH BIN DA!

Fridolin Stier[111]

Anmerkungen

Kapitel 1   Das schillernde Glück

[1] *P. Bruckner / A. Finkielkraut,* Das Abenteuer gleich um die Ecke. Kleines Handbuch der Alltagslebenskunst, München – Wien 1981.

[2] Hier nur eine kleine Auswahl: *R. Spaemann,* Glück und Wohlwollen. Versuch über Ethik, Stuttgart 1989; *W. Janke,* Das Glück der Sterblichen. Eudämonie und Ethos, Liebe und Tod, Darmstadt 2002 (Lit.); *A. Pieper,* Glückssache. Die Kunst gut zu leben, Hamburg 2001; *G. Bien* (Hg.) Die Frage nach dem Glück, Stuttgart 1978; ders., Glück – was ist das? Frankfurt am Main 1999.

[3] *C. Müller,* Glück als Thema der Theologie oder: Über die Bereitschaft zur Glückserfahrung, in der »Theologischen Zeitschrift« 46 (1990) 266–281, 271.

[4] Vgl. *K. Lehmann,* Sinnsuche und Offenbarung, in: *P. Reifenberg* (Hg.), Sehnsucht nach Sinn. Hoffnung – Orientierung – Glauben, Frankfurt am Main 2003, 53–68.

[5] *C. Müller,* Glück als Thema der Theologie, 274 [Anm. 3].

[6] *P. Brückner,* Verdammt zum Glück. Der Fluch der Moderne, Berlin 2002.

[7] EN 1095a 1726, zitiert nach: *C. Horn,* Antike Lebenskunst. Glück und Moral von Sokrates bis zu den Neuplatonikern, München 1998, 64.

[8] *S. Gammel,* Unglück für Anfänger, Fortgeschrittene und Profis. Eine Anleitung, in: Glück, ein Heft von »der blaue reiter, Journal für Philosophie« Nr. 14, Stuttgart 2001, 6-10, 9.

Siehe auch P. *Watzlawik*, Anleitung zum Unglücklichsein, München 1983.

[9] Schon der heilige *Augustinus* zitiert dieses Wort, wenn er 288 Lehrmeinungen zum Thema »letztes Glück des Menschen« des antiken Enzyklopädisten *Varro* anführt (*J. Pieper,* Glück im Schauen, in: Was ist Glück? München 1976, 39). Vgl. auch *K. Frielingsdorf,* »Glücklich leben«, was heißt das?, in der Zeitschrift »Geist und Leben« 66 (1993) 321–328.

[10] *U. Hommes,* Nachwort, in: Was ist Glück? München 1976, 242f.

[11] Das Experiment stammt von *Robert Spaemann*. Hier zitiert nach *R. Safranski,* Jenseits des Glücks. Lebenskunst im Anschluss an Nietzsche, in: »Glück«, ein Heft von »der blaue reiter, Journal für Philosophie« Nr. 14, Stuttgart 2001, 30–35, 30.

[12] Vgl. *R. Safranski,* Jenseits des Glücks, 30 [Anm. 11].

[13] *O. Marquard,* Glück im Unglück. Zur Theorie des indirekten Glücks zwischen Theodizee und Geschichtsphilosophie, in: ders., Glück im Unglück. Philosophische Überlegungen, München ²1996, 11–38, 11.

[14] *S. Freud,* Das Unbehagen in der Kultur (1930), in: ders., Gesammelte Werke XIV, 434 und 432.

[15] Die Aufzählung folgt der Darstellung von *O. Marquard,* Glück im Unglück, 30ff. [Anm. 13].

[16] *O. Marquard,* Glück im Unglück, 30ff. [Anm. 13].

[17] Vgl. dazu auch *O. Marquard,* Wie irrational kann Geschichtsphilosophie sein?, in: ders., Schwierigkeiten mit der Geschichtsphilosophie, Frankfurt am Main 1973, 76ff.

[18] *Albert Camus* hat an Hand des Sisyphos-Mythos diese These wesentlich ernsthafter und existentieller durchdacht, sie ist im Kern aber nichts anderes als diese lebenspraktische Anweisung: »Nachdem Sisyphos die Götter aus dem Universum gestrichen hat, verändert sich sein Verhältnis zum Stein und zur Natur. War der Stein zuerst ein Hassobjekt, weil er sich

im Bewusstsein der Vergeblichkeit an ihm abarbeitete, so wird er nun zum Partner, mit dem er in inniger Vereinigung einen beschwerlichen Weg zurücklegt, an dessen Ende der Felsbrocken wieder seiner Eigengesetzlichkeit folgt. Sisyphos lässt ihn los, anstatt sich gegen sein Hinabrollen zu stemmen. Er geht ins Tal zurück, nicht mehr frustriert, sondern als Herr der Lage. ›Darin besteht die verborgene Freude des Sisyphos. Sein Schicksal gehört ihm. Sein Fels ist seine Sache.‹ (MS, 159).« So die Darstellung der Gedanken Albert Camus' von *Annemarie Pieper,* Sisyphos im Glück, in: »Glück«, ein Heft der Zeitschrift »der blaue reiter«, 22–25, 25 [Anm. 11].

[19] *H. B. Gerl-Falkovitz,* Seufzen der Schöpfung nach Herrlichkeit, in der Zeitschrift »Una Sancta« 4/2002, 274–289, 277.

[20] Eine dritte Variante scheint mir im *Buddhismus* zu liegen. Die Erleuchtung gipfelt in der Vermeidung des Leidens beziehungsweise Lebens, denn Leben ist Leiden, kraft Erlöschen allen Lebensdurstes. Nicht, indem der Durst durch heftiges Austrinken aller Genüsse gestillt wird, sondern umgekehrt: indem der Durst selber stirbt – lange bevor das Leben selber stirbt. Ein nihilistisches Nirvana-Verständnis wird dem buddhistischen Heilspfad allerdings nicht gerecht. Vgl. *H. Domoulin,* Spiritualität des Buddhismus. Einheit und lebendige Vielfalt, Mainz 1995, bes. 19–35.

[21] Diese Lebenszufriedenheits-Kompetenz besteht aus einer je persönlichen Kombination von komplexen Reaktionsmustern, das heißt von Dispositionsfaktoren, und besagt sowohl Bereitschaft als auch Fähigkeit zu Positiverfahrungen; Bereitschaft im Sinne von Motiviert-, Ansprechbar- und Sensibel-Sein, und zwar mit einem Gefüge von verhaltensmäßig stabilen und in einem Wertesystem geordneten Einstellungen zu Personen und Zielen; Fähigkeit verstanden als Erlebnis-, Denk- und Verhaltensmuster, die (als Strategien) ein Verarbeiten,

Gewinnen (Maximieren) und Erhalten von Positiverfahrungen ermöglichen. Diese Lebenszufriedenheitskompetenz entwickelt sich vermutlich in einem komplexen Lernprozess, der in einem Wechselspiel von Fremd- und Selbstsozialisation besteht. Vgl. hierzu: *G. Bien,* Der Güter Schönstes. Schwierigkeiten mit dem Glück, in der Zeitschrift »Evangelische Kommentare« 4/1989, 39–42, 41.

[22] *Mihaly Csikszentmihalyi,* Flow. Das Geheimnis des Glücks, Stuttgart ⁷1999.

[23] Nach *Csikszentmihalyi* entspricht die Glücksempfindung keineswegs allein einem Selbsterhalt des Bios, also einem Selbstbezug, wie das Modell der Lebenszufriedenheits-Kompetenz noch suggerieren könnte. Die Glücksfähigkeit ist als Selbstkompetenz zu schwach beschrieben. Die Beziehung zu einer Sache ist entscheidender. Die Selbstabgabe an ein Telos (Ziel), mit dem man glückhafterfüllend umgeht, vielleicht »mitfließend« eins wird, ist maßgeblich. Glück ist nicht einfach Selbstreferenz. Ein christlicher Adaptionsversuch findet sich bei *C. Jacobs,* Salutogenese. Eine pastoralpsychologische Studie zu seelischer Gesundheit, Ressourcen und Umgang mit Belastung bei Seelsorgern, Würzburg 2000.

[24] *R. Spaemann,* Glück und Wohlwollen, 91f. [Anm. 1].

[25] *G. Bien,* Der Güter Schönstes, 42 [Anm. 21].

[26] Vgl. *J. Splett,* Selbstverwirklichung als Antwort, in: *K. Frielingsdorf, M. Kehl* (Hg.), Ganz und heil. Unterschiedliche Wege zur »Selbstverwirklichung«, Würzburg 1990, 164–182, 164ff.

[27] Vgl. *J. Ratzinger,* Die Zukunft des Heils, in: *U. Hommes / J. Ratzinger,* Das Heil des Menschen. Innerweltlich-Christlich, München 1975, 31–63.

Kapitel 2
Gotteshunger oder Die Suche nach dem wirklichen Leben

[28] D. *Sölle*, Den Rhythmus des Lebens spüren, Freiburg im Breisgau 2001, 64.

[29] F. *Stier*, Vielleicht ist irgendwo Tag. Aufzeichnungen, Freiburg 1997, Eintrag vom 21. Dezember 1968.

[30] Die folgenden Ausführungen nehmen Gedanken von *Heinrich Spaemann* auf, entfaltet in: *H. Spaemann*, Das Holzpferd oder Schritte zur Wirklichkeit. Meditationsnotizen, München 1975, 18–45.

[31] *Th. Pröpper*, Meinungsmarkt und Wahrheitsanspruch, in der Zeitschrift »Christ in der Gegenwart« 1993, Nr. 40, 325-326, 326.

[32] Vgl. *H. Schlegel*, Bausteine für einen Lebensentwurf nach Clara und Franz von Assisi, in der Zeitschrift »Wege mit Franziskus«, Zeitschrift der Thüringischen Franziskanerprovinz, 2000/2, 24. Hier in leicht veränderter Weise.

Kapitel 3   Die verschüttete Sehnsucht nach Gott

[33] Vor allem beziehen sich die hier ausgeführten Gedanken auf *Hans Joachim Höhns* Arbeiten zu diesem Fragekreis. Besonders: *H. J. Höhn*, Erlebnisgesellschaft! – Erlebnisreligion? Die Sehnsucht nach dem frommen Kick, in: *K. Hofmeister / L. Bauerochse* (Hg.), Die Zukunft der Religion, Würzburg 1999, 11–22; ders., Spiritualität – ein Erlebnis?, in der Zeitschrift »Meditation« (2000) 27; ders., Zerstreuungen. Religion zwischen Sinnsuche und Erlebnismarkt, Düsseldorf 1998.

[34] Vgl. die »Frankfurter Allgemeine Zeitung« vom 30.10.2000, 46.

[35] B. *Guggenberger*, Sein oder Design. Zur Dialektik der Abklärung. Berlin 1987, 28.

[36] Vgl. *I. U. Dalferth,* Gott. Philosophisch-theologische Denk-
versuche, Tübingen 1992, 2f.: »Im Namen existentieller
Betroffenheit und eigenen Erlebens werden dann Gott-Träu-
me als Antworten auf die Aporien des Gott-Denkens pro-
pagiert und psychische Erlebnisse als Lösung der durch das
Denken angeblich überhaupt erst erzeugten Probleme: Gott
sei im Kopfkissen, nicht in dogmatischen Begriffen zu suchen,
in den Tiefen der Seele, den Erschütterungen des Gemüts,
ganzheitlichen Körpererfahrungen oder mystischem Naturer-
leben, nicht in den leblosen Abstraktionen des Denkens. Doch
die Alternative ist im Ansatz schief. Dass Gott nicht gefunden
wird, wo nur gedacht wird, heißt nicht, dass er sich nur finden
lässt, wo nicht gedacht wird.«

[37] *H. B. Gerl,* Neues und Altes aus der Schatztruhe hervorholen.
Zur Profilierung des Christentums, in der »Internationalen
katholischen Zeitschrift« (2000) Nov./Dez., 534–544, 534.

[38] *O. Fuchs,* Gott ist kein Hampelmann, in der »Theologisch-
praktischen Quartalsschrift« 148 (2000) 379–386.

[39] Hier zitiert nach: *J. Bours,* Der Mensch wird des Weges
geführt, den er wählt, Freiburg 1986, 115f.

[40] *J. Ebach,* Tags in einer Wolkensäule, nachts in einer Feuer-
säule. Gott wahrnehmen, im Heft »Nach Gott fragen« der
Zeitschrift »Merkur« 53 (1999) 784–794, 790.

[41] *F. Kamphaus,* Wenn Gott in die Quere kommt, Freiburg
2000, 98f.

[42] *H. B. Gerl-Falkovitz,* »Und wenn er mich auch tötet, so werde
ich dennoch auf ihn hoffen« (Hiob) Von Überwindungen
der Gotteskrise, in: *J. Ernst* (Hg.), Krise des Gottesglaubens?
Aufbruch!, Paderborn 2001, 207–218, 213.

[43] Vgl. zu den folgenden Gedanken: *G. Bachl,* Gottesrede –
Gottesgeschwätz. Wie können wir heute glaubwürdig von Gott
sprechen, hg. durch die Karl-Rahner-Akademie, Köln 1993, 13f.

Kapitel 4 Spiritualität der Ehrfurcht

[44] Vgl. zu *A. Schweitzers* Konzept der Ehrfurcht wie überhaupt zum Thema Ehrfurcht: *G. Marschütz,* Die verlorene Ehrfurcht, Würzburg 1992 (Literaturangaben zum Thema).

[45] Vgl. *J. W. von Goethe,* Wilhelm Meisters Wanderjahre, 2. Buch, 1. Kapitel.

[46] *G. Marschütz,* Die verlorene Ehrfurcht, 82 [Anm. 44].

Kapitel 5 Die Kunst der Ruhe

[47] *A. J. Heschel,* Der Sabbat. Seine Bedeutung für den heutigen Menschen, Neukirchen 1990, 25. Die weiteren Ausführungen beziehen sich auf dieses Werk.

[48] *Cl. Westermann,* Genesis. Biblischer Kommentar Altes Testament, Neukirchen 1974, 230ff.

[49] *A. J. Heschel,* Der Sabbat, 29 Anm. 13; 45 Anm. 4 [Anm. 47].

[50] *J. Moltmann,* In der Geschichte des dreieinigen Gottes. Beiträge zur trinitarischen Theologie, München 1991, 283.

[51] Vgl. *K. Koch,* Schöpfung als Sakrament. Christliche Schöpfungstheologie jenseits von Gottlosigkeit und Vergöttlichung der Welt, in: *R. Liggenstorfer* (Hg.), Schöpfung und Geschichte (FS Paul Mäder), Romanshorn 1991, 31–53.

[52] *E. Nordhofen,* Die Zukunft des Monotheismus, in: Nach Gott fragen, hg. v. *K. H. Bohrer* u. *K. Scheel,* Stuttgart 1999, 828–846, 841.

[53] *J. A. Heschel,* Der Sabbat, 21f. [Anm. 47].

[54] *J. A. Heschel,* Der Sabbat, 13. [Anm. 47].

[55] *R. Guardini,* Tugenden, Mainz ³1987, 157f.

[56] Hier zitiert nach: *D. Sölle,* Mystik und Widerstand, München 1999, 360.

[57] *H. Câmara,* Mach aus mir einen Regenbogen. Meditationen, Zürich 2000.

[58] Vgl. dazu *D. Sölle,* Mystik und Widerstand, 225 [Anm. 56]; *L. Boff,* Die Logik des Herzens. Wege neuer Achtsamkeit, Düsseldorf 1999. Wichtige Hinweise zur Haltung der Aufmerksamkeit, die weit mehr ist als eine buddhistisch eingefärbte Achtsamkeit hat *Simone Weil* gegeben: vgl. zum Beispiel *S. Weil,* Aufmerksamkeit für das Alltägliche, hg. v. *O. Betz,* München 1987; *R. Kather,* Simone Weil. Aufmerksamkeit oder die Sinnstufen der Existenz, in der Zeitschrift »Geist und Leben« 66 (1993) 121ff.

[59] Vgl. dazu *D. Sölle,* Mystik und Widerstand, 42–46 [Anm. 56].

Kapitel 6   Der Mut zur Stille

[60] *Thomas Brasch,* Kargo. 32. Versuch auf einem untergehenden Schiff aus der eigenen Haut zu kommen. © Suhrkamp Verlag Frankfurt 1977.

[61] *F. Nietzsche,* Unzeitgemässe Betrachtungen, Stuttgart 1938, 245.

[62] *B. Schellenberger,* Auf den Wegen der Sehnsucht. Zum spirituellen Leben heute, Freiburg 2004, 50f. Hier finden sich noch weitere aufschlussreiche Bemerkungen zu unserer heutigen Handykultur.

[63] *Horst W. Opaschowski,* zitiert nach: *J. Wanke,* Pastoral im Zeitalter der Gottvergessenheit, in: Referate und Predigten der Tage der Pastoralen Dienste der Erzdiözese Freiburg 2001, hg. von der Erzdiözese Freiburg 2001, 75.

[64] Vgl. zum Folgenden: *S. Kiechle,* Größer als unser Herz. Biblische Meditationen. Exerzitien im Alltag, Freiburg im Breisgau 2003, 51–56.

[65] Wertvolle Hinweise und Anregungen im Umgang mit der

Stille finden sich bei *Henri Nouwen*. Vgl. *H. Nouwen*, Feuer, das von innen brennt. Stille und Gebet, Freiburg im Breisgau ⁹1992 (jetzt in Auszügen in: ders., Gebete aus der Stille. Mit einer Einleitung von Anselm Grün, Freiburg im Breisgau 2005, 10–25); ders., In ihm das Leben finden. Einübungen, Freiburg im Breisgau ⁷1996; ders., Ich hörte auf die Stille. Sieben Monate im Trappistenkloster, Freiburg im Breisgau ²¹2004.

[66] *P. Glaser*, Geschichte von Nichts. Erzählungen, Köln 2003, 26.

[67] *P. v. Breemen*, Erfüllt von Gottes Licht. Eine Spiritualität des Alltags, © Topos-plus-Verlagsgemeinschaft 2005

[68] *P. G. Sottopietra*, Wissen aus der Taufe. Die Aporien der neuzeitlichen Vernunft und der christliche Weg im Werk von *Joseph Ratzinger*, Regensburg 2003, 330.

[69] »Interior est intimo meo, superior superiori meo« (Augustinus).

[70] Vgl. den Text von *Manfred Scheuer*, in: *G. Greshake*, Spiritualität der Wüste, Innsbruck – Wien 2002, 174f.

[71] *Papst Johannes Paul II.* über Mutter Teresa:»Gestärkt durch die Stille der Kontemplation, brachte sie unermüdlich die Liebe Christi zu allen Menschen, in denen sie Christus wiedererkannte«; vgl. Das Gebetbuch der Mutter Teresa, Freiburg 2004.

[72] Die Wegmarken zur Stille nehmen Anregungen von *Fulbert Steffensky* in veränderter Form auf: vgl. *F. Steffensky*, Der alltägliche Charme des Glaubens, Würzburg 2002, 28–30. Wer eine fundierte und gut nachvollziehbare Einführung in die christliche Spiritualität sucht, ist zurzeit am Besten beraten mit: *M. Thompson*, Christliche Spiritualität entdecken. Einübung in ein bewusstes Leben, Freiburg im Breisgau 2004. Henri Nouwen hat nicht ohne Recht über dieses Werk geschrieben:»Wer dieses Buch gelesen und lebendig nachvollzogen hat, ist dem Besten begegnet, was christliche Spiritualität zu bieten hat.« Zu ergänzen wäre diese Einführung um Hinweise für einen spirituellen Umgang mit der Eucharistie.

[73] K. *Hemmerle,* Unterscheidungen, 37.

[74] R. *Spaemann,* Christentum und Philosophie der Neuzeit, in: H. *Fechtrup, Fr. Schulze, Th. Sternberg* (Hg.), Aufklärung durch Tradition, Münster 1995, 123.

[75] Vgl. zum Folgenden *Chr. Kard. Schönborn,* Jesus als Christus erkennen, Freiburg im Breisgau 2002, 51–66.

[76] Vgl. die Lehre des Zweiten Vatikanischen Konzils in der »Dogmatischen Konstitution über die Kirche« *Lumen gentium 16* und in der »Pastoralkonstitution über die Kirche in der Welt von heute« *Gaudium et spes 22.*

[77] R. *Guardini,* Das Wesen des Christentums/Die menschliche Wirklichkeit des Herrn. Verlagsgemeinschaft Matthias Grünewald/Ferdinand Schöningh 1991, 14. Alle Autorenrechte liegen bei der Katholischen Akademie in Bayern.

[78] I. *Vermehren,* Aufstand zum Leben, Freiburg im Breisgau 1996.

[79] Vgl. zum Folgenden G. *Bachl,* Gottesbeschreibung. Reden und Lesestücke, Innsbruck – Wien 2002, 83–86, dem ich diese aufrauende Beschreibung Jesu verdanke, ohne ihm in allem zu folgen. Vgl. auch ders., Der schwierige Jesus, Innsbruck – Wien ²1996.

[80] G. *Bachl,* Gottesbeschreibung, 83–86 [Anm. 79].

[81] J. *Vanier,* Jesus. Geschenkte Liebe, Freiburg im Breisgau 1996.

[82] J. *Vanier,* Jesus. Geschenkte Liebe, 9 [Anm. 81].

[83] J. *Vanier,* Jesus. Geschenkte Liebe 95–101 [Anm. 81].

[84] Vgl. K. *Rahner,* Worin besteht der lebendige Kern des christlichen Glaubens?, in: ders., Wagnis des Christen, Freiburg im Breisgau 1974, 42f.

[85] Aus dem Testament der heiligen *Klara von Assisi.*

[86] *Franziskus von Assisi,* Nicht bullierte Regel 23,8.

[87] In Anlehnung an: *E. Leclerq,* Weisheit eines Armen, Werl 1980, 75ff.

[88] In den kommenden drei Punkten verdanke ich sehr viel: *A. Kraus,* Den Spuren Christi und seines Dieners Franziskus folgen, Münsterschwarzach ²1998, 21-47.

[89] Eine gute Darstellung der Gebetsweise des hl. Franziskus findet sich bei: *L. Lehmann,* Franziskus. Meister des Gebetes, Werl/Westfalen 1989. Zum Berufungsgebet dort S. 34–47. Siehe auch: Ders., Franz von Assisi. Wenn Leben beten wird, Werl/Westfalen 1998.

[90] Aus der nicht bestätigten Regel des *Franziskus* (22,26-27).

[91] Aus dem »Gruß an Maria« des *Franziskus.*

[92] Aus dem »Brief an die Gläubigen« des *Franziskus* (I 1,6f).

[93] Aus der bestätigten Regel des *Franziskus* (6,2).

[94] Aus der zweiten Lebensbeschreibung des *Celano.*

[95] Vgl. die erste Lebensbeschreibung des *Celano.*

[96] Vgl. die »Erklärung des Vaterunser« des *Franziskus.*

[97] »Brief an den Orden« des *Franziskus* (2,29).

[98] Nicht bestätigte Regel des *Franziskus* (17,17-18).

[99] *Albert Nada,* zitiert nach: *H. Schlegel,* Der Sonnengesang. Exerzitien im Alltag mit Franz und Clara von Assisi, Würzburg ²2001, 155f.

Kapitel 9   Der Christ im Glück

[100] Einen knappen, aber sehr treffenden Überblick über die Theologie des Glücks gibt: *H. J. Münk,* Glück und Erfolg

– christliche Lebensinhalte? in der Zeitschrift »Theologie der Gegenwart« 37 (1994) 82–96, bes. 88–90.

[101] Vgl. dazu *D. Sölle / J. B. Metz,* Welches Christentum hat Zukunft? Dorothee Sölle und Johannes Baptist Metz im Gespräch, Stuttgart 1990, 51f.

[102] Vgl. dazu auch *J. B. Metz,* Gottespassion. Zur Ordensexistenz heute, Freiburg im Breisgau 1991, 33f.

[103] Eine Auslegung der Seligpreisungen unter dem Blickwinkel des Glücks bietet: *J. M. Lustiger,* Ermutigung zum Glücklichsein. Die Lebenskunst der Bergpredigt, Zürich u. a. 1999.

[104] Vgl. *J. Pieper,* Glück und Kontemplation, München 1957, 11f.

[105] Vgl. *J. Ratzinger,* Auf Christus schauen. Einübung in Glaube, Hoffnung, Liebe, Freiburg im Breisgau 1989, 42–52.

[106] *Hilde Domin,* Ecce Homo, aus: dies., Gesammelte Gedichte. © S. Fischer Verlag GmbH, Frankfurt am Main 1987.

[107] Bonaventura, Sermo XVI, Dominica I Adv, Opera IX 40a; vgl. *J. Ratzinger,* Über die Hoffnung, in der »Internationalen katholischen Zeitschrift« 13 (1984) 293–305.

Schlusswort

[108] Vgl. dazu *J. Poláková,* Perspektive der Hoffnung. Transzendenzsuche in der Postmoderne, Paderborn u. a. 2005

[109] Dieses und das folgende Gedicht sind entnommen aus: *Gottfried Bachl,* Mailuft und Eisgang. 100 Gebete, © Tyrolia Verlag, Innsbruck, 2. Aufl. 1999.

[110] Vgl. *J. Poláková,* Betroffen von dir. Reflexionen über die dialogische Gotteserfahrung. Mit einem Nachwort von Bernhard Casper, München – Zürich – Wien 2005.

[111] *F. Stier,* Vielleicht ist irgendwo Tag, Aufzeichnungen, Freiburg im Breisgau 1997, letzter Eintrag (ohne Datum).

Wege zum Glauben für suchende Menschen

Anselm Grün, **Ein ganzer Mensch sein**
Die Kraft eines reifen Glaubens

128 Seiten, Paperback, zweifarbig · ISBN 3-451-28897-4
Wie finde ich zu einem reifen Glauben? Auf diese Frage antwortet der bekannte spirituelle Autor aus seiner reichen theologischen und psychologischen Erfahrung in der Begleitung von Menschen.

Uli Heuel, **Woran Christen glauben**
Das Kennenlern-Buch für Neugierige

176 Seiten, Paperback · ISBN 3-451-28378-6
Ein Journalist und Songtexter schreibt ein Buch über den christlichen Glauben: Uli Heuel gelingt es, die Grundzüge packend und zugleich präzise darzustellen.

Marjorie Thompson, **Christliche Spiritualität entdecken**
Einübung in ein bewusstes Leben

176 Seiten, Paperback · ISBN 3-451-27900-2
Marjorie Thompson gibt christlicher Spiritualität Schritt für Schritt ein nachvollziehbares Profil. Sie erschließt die Grundelemente sowohl für die persönliche Lektüre wie für die Arbeit in Gruppen.

Rainer Haak, **Alles wird anders. Ich auch**
Ein spiritueller Kompass für Zeiten der Veränderung

128 Seiten, Paperback, zweifarbig · ISBN 3-451-28668-8
Nicht stehen bleiben, wenn das Leben weitergeht: dieser spirituelle Kompass öffnet Augen und macht Mut, Veränderungen im eigenen Leben wahrzunehmen und als Chancen zu verstehen.

Spirituelle Impulse

Pierre Stutz, **Der Stimme des Herzens folgen**
Jahreslesebuch

400 Seiten, gebunden mit Lesebändchen · ISBN 3-451-28743-9
So viele gute Kräfte warten darauf, wahrgenommen und gelebt zu
werden. Tag für Tag folgt Pierre Stutz in diesem Jahreslesebuch mit
dem Leser der Spur dessen, was trägt und lebendig macht.

Anselm Grün, **Dem Alltag eine Seele geben**

144 Seiten, Klappenbroschur · ISBN 3-451-28403-0
Wie keinem Zweiten gelingt es Anselm Grün, die Schätze der Tradition für die Gegenwart zu heben und zu übersetzen. Leitgedan-
ken für ein vertieftes Leben gerade in der Normalität des Alltags.

Andrea Schwarz, **Bleib dem Leben auf der Spur**
Geschichten von unterwegs

192 Seiten, gebunden · ISBN 3-451-28830-3
Andrea Schwarz bringt fünf Jahrzehnte ihres Lebens so zur Spra-
che, dass Menschen Mut gewinnen, das eigene Leben wieder in die
Hand zu nehmen. Ein erfrischendes Buch, voll Liebe zum Leben.

Ulrich Sander (Hg.), **Begleitet von guten Mächten**
Segensworte für ein ganzes Leben

144 Seiten, gebunden mit Lesebändchen · ISBN 3-451-28610-6
Segensgedanken und Segenswünsche für viele Gelegenheiten von
der Kindheit bis ins hohe Alter von bekannten Autorinnen und
Autoren – Worte für ein ganzes Leben und für jeden Tag.

HERDER

Umschlagmotiv:
© getty images, München

Bibelzitaten ist in der Regel
als Übersetzung zugrunde gelegt:
*Die Bibel. Die Heilige Schrift
des Alten und Neuen Bundes.
Vollständige deutsche Ausgabe*
© Verlag Herder Freiburg im Breisgau 2005   DIE BIBEL

Satz:
werkdruck – Thomas Hein
www.werkdruck.de

Druck und Bindung:
fgb · freiburger graphische betriebe
www.fgb.de

Gedruckt auf umweltfreundlichem,
chlorfrei gebleichtem und säurefreiem Papier
Printed in Germany

ISBN-13: 978-3-451-28917-0
ISBN-10: 3-451-28917-2